제주오름 이야기 I

제주오름 이야기 I

- 북방문화·몽골어에 얽힌 오름들 -

문희주 글·사진

열림출판사

인문학적 관점에서 새롭게 밝히는 제주오롬

제주오름에 대하여 몇 권의 소개서가 나온 바 있다. 그 공통점은 '제주오롬'을 행정구역별로 구분하였다. 최초로 제주오름을 세상에 소개한 선구자 김종철의 경우는 이를 분량을 따라서 구별하였으며(1984년, 『제주오름 나그네』 1~3권), 그 후 제주도(청)에서는 제주시와 서귀포시, 읍면별로 구분하고 368개 오롬으로 발표한다(1997년 『제주오름』 1권).

김승태는 읍면별로 2권의 책으로 분류하는데, 1권에서는 제주 북동지역 구좌, 우도, 조천, 제주 남동지역인 성산, 표선, 남원, 2권에서는 제주시와 서북지역인 애월, 한림, 한경, 서남지역인 대정, 안덕과 서귀포시-중문을 동서로 나누어 두 권의 책으로 분류하고 있다(2008년, 『제주의 오름 368』 1~2권).

오창명 교수는 『제주도 오름과 마을 이름』에서 최초로 '오롬'으로 표기하며, 학자적 양심으로 모르는 것은 모른다고 하고 출처를 밝히려 하였다.(1998년 『제주도 오름과 마을 이름』) 그러나 2008년 이후 제주오롬에 대한 연구서는 출간되지 않았고, 육지인들에 의한 여행안내서나 문학의 범주를 넘지 못하였고, 그들의 참고한 책은 김종철의 책이 대부분이었다.

필자는 제주에서 나고 자라 70세가 넘는 본토인으로 1970년대 외항선 기관사로 다년간 항해하다가 폐결핵 3기로 하선 후 대학과 대학원을 졸업하고 중국 대학의 교수와 학장으로 지내며 만주와 내몽골에서 20여 년간 북방지역을 탐사했으며, 타이완 태국에서 10여 년간 거주하며 2021년 귀국 시까지 아시아 코디네이터로 외몽골과 중앙아시아, 연해주 등을 수개월 간 머무르며 탐사하고 그 경험을 《제주문학》 등에 이미 발표한 바 있다. 그리고 6년여 동안 제주오름에 대하여 일간지와 월간지 등에 기고하여 세상에 알렸다.

제주오름은 한국어 '오르다(동사)의 명사형'인 '오름'이 아니라 만주와 몽골어의 산을 일컫는 말인 '올(ᄋᆞ리)'에서 유래한 것이다. 이는 '바다'를 '바당'이라고 짧고 강하게 발음하는 제주인들이 '올(ᄋᆞ리)'을 '오롬'이라고 불러온 제주인의 말이다.

본서에서 필자는 발로 뛰며 얻은 경험과 지시, 특히 북방 문화와 몽골어를 통한 제주오롬의 명칭에 대한 어원을 찾으며, 제주오롬을 인문학적으로 살폈다. 제주인의 철학·사상·역사·전통·특수성과 시대적 변천 과정을 구분함에도 이전 분류법과 전혀 맥을 달리했다.

아울러 필자는 이른 시일 내 2권, 3권, 4권으로 계속 출판되기를 바란다. 필자는 이것이 내게 남겨진 소명이라 여기고 완성할 수 있기를 간절히 바라는 바이다.

2025년 6월 1일

사단법인 제주오롬문화 이사장이며
제주대학교평생교육원 오롬문화탐구반을 운영하는
문희주가 제주도 세화리에서 쓰다.

■ 목차

제주오름이야기

제주오름이야기

제주오름 분포도

하귀
파군지오름
오드싱오름
영통메
제주
애월
노루생이오름
애월읍
한림
어승생오름
궷물오름
노꼬메
족은드르오름
한림읍
방주오름
노로오름
이스렁·어스렁
갯거리오름
정워리오름
새별오름
신창
돔박이오름
왕이메
괴수치오름
한경면
가란오름
막자오름
하늬복이
서영아리
마복이
고산
물노리오름
남송이오름
광챙이오름
무릉
대정읍
안덕면
우보오름
화순
베릿내오름
모슬포
섯알
동알
절워리

김녕
함덕
세화
조천읍
어대오름
둔지오름
시근이오름
안친오름
다랑쉬오름
구좌읍
노리(노루손이)오름
바농오름
지그리오름
거친오름
늡서리오름
대나오름
개오리
돔베오름
큰왕메
족은왕메
낭끼오름
성산읍
개오름
유가메
나시래오름
모구리오름
궤벤이오름
멀오름
대록산
모지오름
따라비
잡탈
신산
마은이궤
여믄영아리
물영아리
표선면
가재오름
표선
고이오름
남원읍
남원

ᄃᆞ랑쉬오름(月朗峰)

소들이 어우러 노는 들판 가운데 오름

ᄃᆞ랑쉬오름은 이원조가 『탐라지초본』에서 '대랑수악大郞秀岳'이라 표기하였다. 이는 제주어 ᄃᆞ랑쉬를 한자로 음차하였다. 월랑봉이란 명칭은 도랑쉬라는 말의 ᄃᆞ(돌)를 달月로 표기하여 월랑봉月朗奉이라하였다. 그래서 "ᄃᆞ랑쉬 굼부리에서 보름달이 떠오르면 알에서 태어나듯 아름답다." 라고 한다. 그러나 ᄃᆞ랑쉬오름을 '월랑봉月朗奉'이라는 한자어를 만들어 낸 것은 기발하지만 전혀 아니다.

ᄃᆞ랑쉬오름의 오류는 민속언어학자 김인호부터다. 그는 "ᄃᆞ랑쉬는 고구려어 '달수리'의 변화로 '달'은 높다·귀하다 '쉬'는 봉峰의 뜻을 가진 수리에서 ㄹ이 탈락되어 쉬로 변하여 '높은 산봉우리' 뜻인 '달수리가 달쉬'가 되었고 이유 없이 '랑'이 덧붙여졌다" 한다. 『오름 나그네』에서 이를 인용하며 제주도·표지판·부로셔 등에서 공식적으로 쓰이고 있으나 전혀 근거 없는 엉터리다. 또한, 전문가를 자처하며 방송(교통방송 2021.10.4. 07시)에서 H라는 제주대 교수조차 위의 스토리를 그대로 앵무새처럼 전한다.

오창명 교수는 "대랑수악大郞秀岳은 '다랑쉬오름'의 차자 표기로 '월랑봉' 또는 '다랑쉬'이며 '다랑쉬'는 고유어로 그 뜻은 확실하지 않다." 고 학자적 양심을 밝힌다. 필자의 견해는 이렇다. 'ᄃᆞ(돌)'는 제주어 들판이란 말이다. 제주에서 제일 산골인 ᄃᆞ리송당(조천읍 교래리, 구좌읍 송당리)이다. 역사에서 ᄃᆞ리(돌)는 곧 제주어 들판이며 대구를 '달구벌大邱'이라고 할 때 '달'과 같다. 달을 한자로 음차하여 표기한 것이 월月이다. 또한

도랑쉬 북쪽 편에서 본 전경

'ᄃᆞ리'는 한자로 '다리 교橋 자'로 썼다. 충청도 삽교는 삽다리, 전라도 학교는 학다리라 하는데 이곳들은 평야(들판) 가운데 마을이다.

ᄃᆞ랑쉬오름은 순수한 제주어이며 고구려어가 아니다. 필자는 1995년도부터 만주에서 20여 년간 대학교수로, 그 후 타이완·태국에서 중국어로 한국어를 10여 년간 가르쳤다. 은퇴 후 필자는 제주오름을 탐방하는 중에 오름의 명칭·어원·유래와 해설이 잘못된 곳들이 많음을 보고 2020년부터 제주 일간지에 '오름스토리'를 6년째, 연재하고 있다. ᄃᆞ랑쉬의 'ᄃᆞᆯ/ᄃᆞ리'는 들판으로 고구려 '높다, 귀하다'는 뜻이 아니다. '쉬'는 '오름'이 아니라 '소牛'다. 제주어로 ᄆᆞ쉬(마소)의 '쉬'는 '소'이다. 또한 '랑'은

ᄃᆞ랑쉬 굼부리

세화해변에서 본 도랑쉬오름

한어[中國語]사전에 ~격조사格助詞, ~적결합的結合, 어울릴 화和의 의미和的意思였다. 즉 'ᄃᆞ랑쉬오름'은 '소들이 어울려 노는 들판 가운데 오름'이란 말이다.

『연변취담』이란 책에 "훈춘시 경신진 두만강 하류의 제일 높은 '운대산(460.3m)'은 수리(수리개·솔개/제주어: 소래기)가 산 정상에 유유히 날아다녀서 만주족들이 운대산이라 한 것을 조선족들은 '수리봉'이라 부르게 되었다"고 한다. 필자의 이모님은 90세인데 도랑쉬오름에 대해서 묻자 "옛날 ᄃᆞ랑쉬에는 나무가 없었고 너나없이 소를 방목하고 테우리[牧童]들이 말 타고 ᄆᆞ쉬를 살폈다."고 한다. ᄃᆞ랑쉬는 세화리 남쪽에서는 좌우대칭으로 여인의 젖무덤같이 곱다. 그러나 동쪽에서는 뒤통수가 나오고 서쪽에서는 앞이마가 튀어나오고, 남쪽에서는 한쪽이 높은 미군 베레모처럼 보인다.

ᄃᆞ랑쉬 탐방로 입구에는 관리소와 오름을 소개하는 전시관과 주차장, 화장실, 정자도 있다. 탐방로는 나무계단·마닐라삼패드가 깔렸다. 해발

ᄃ랑쉬 남쪽 전망대에서 본 한라산

382.4m, 비고 227m로 제주 동쪽에서 가장 높은데, 초보자들이 멋모르고 오르다 고생한다. 원형 굼부리 깊이는 115m로 오름 높이의 절반인 셈이다. 산굼부리(132m), 백록담 다음으로 ᄃ랑쉬 굼부리는 세 번째로 깊다. 어느 날 젊은이들이 굼부리로 뛰어내리자 노루들이 사방으로 뛰어갔다. ᄃ랑쉬 굼부리는 노루들의 서식지이기도 하다.

ᄃ랑쉬 정상 우쪽(西向)으로 보면 평대리 비자곶과 돗오름이 보인다. 앞쪽(南向)으로 보면 송당리 주구물(죽은물) 곶자왈과 높은오름이 보인다. 좌쪽(東向)으로보면 ᄀ는곶(세화리) 넘어 종달리 용눈이가 보인다. ᄃ랑쉬에서 보는 능선은 곧 제주의 속살이요 신들의 거실이다. 제2전망대는 정상 북쪽 산불감시초소 부근에 있는데 김녕~한동 해변의 풍차들과 둔지오름이 보이고 앞에는 세화항구다. 맑은 날에는 바다 건너 추자도·완도·여서도·거문도까지 보이고 돌로 만든 망배단望拜壇이 보인다. 숙종이 승하하자 북쪽을 향하여 초하루 보름마다 분향하고 애곡했다는 홍달한의 전설이 전해지다.

둔지오름

몽골어 궤ГҮВЭЭ리 언덕 끝의 둔지ДҮНГ

둔지오름은 구좌읍 한동리 산40번지로, 해발 282.2m, 비고 152m, 면적 360,185㎡의 작지 않은 오름이다. 이웃의 돛오름은 비고 129m, 면적 430,425㎡에 비해 둔지는 뾰족하고 제법 가파르다. 그래서 생김새가 말굽형이라 하여도 남쪽이 조금 깎였을 뿐 원추형 같은 한라산 화산체 중의 하나인 측화산側火山이다. 제주오름 분화구는 기저의 마그마가 약한

둔지봉 저녁

지반을 뚫고 나와 분출되어 생성된 것들이다. 제주오름들은 이같이 화산의 분출로 생겨났는데 둔지오름은 북풍이 불 때 폭발한 것으로 보인다. 북쪽 마그마 흔적을 찾기는 어렵고 남쪽은 오름이 파이며 마그마가 흘러내렸다.

둔지오름 입구는 비탈진 눌레길을 따라 오른다. 그러나 대부분은 가파른 북쪽 능선을 따라서 오른다. 이 오름을 북쪽에서 오르며 내려다보면 뱅듸坪岱里가 평평하게 해변까지 거침없이 쭉 뻗어 나간다. 서쪽으로는 높은 구릉의 한동리가 보인다. 제주오름 어디나 무덤들이 많은데 둔지오름도 그렇다. 둔지오름 북쪽에는 필자의 외조부-외조모 묘가 있어서 낯익다. 둔지의 둔屯은 둔전·둔답을 말하며 주둔병의 군량미 자급을 위해 받은 논밭·땅을 말한다. 많은 사람이 모이는 곳으로 만주에서는 동네 지

명으로 많이 쓰이며 지형적으로는 '도독한 동산'을 이루는 곳들이다. 또한 아일랜드어 dún, 스코틀랜드-게일어 dùn은 요새(성)로 모두 언덕 위에 있다. '둔'은 그 자체가 요새라는 뜻이다. 그리고 한국어에서도 이 말의 의미는 유사하니 태초의 언어가 하나였음을 실감케 한다.

강원도 창도군의 '솔둔지'는 소나무가 많은 둔지(둔치), 서울 둔지방屯芝坊은 조선 영조 때 한성 남부 11방 중의 하나로, 용산4가에는 둔지산이 있어 이들은 둔전을 일구며 수비하는 '둔병'이었었다. 만주 용정시 개산둔开山屯은 두만강을 사이에 두고 북한과 마주한다. 개산툰은 '산이 열리는 곳에 자리 잡았다'는 말이며. 여기에 돌문처럼 서 있는 도문시 석현石峴을 지나면 '뫼[山]'가 열리어 두 팔을 벌려 받아들이는 것 같은데 한동 개판모루 언덕 너머에 있는 둔지오롬도 이와 같다. 만주 땅에 봄이 오면 필자는 백두산 일대로 산나물을 캐러 다녔다. 일제 말엽(1943년) 이민한 남한 촌 석문石門鎭에 들어가면 전북촌, 경남촌, 충청촌, 원주툰 등 여덟 개의 조선족 둔촌(마을)에는 지금도 우리 동포들이 살아간다.

둔지오롬 석문이라 할 개판 마루는 윗한동으로 들어가는 곳이다. 그곳에 붉은 마그마 돌 동산이 우측에 있다. 필자의 외조부(유향좌수·리장·동명서숙장)는 그 높은 언덕 마을에 제주에서 가장 깊은 25m의 우물을 파는데 암반이 나오므로 일본서 구해 온 다이너마이트로 발파하여 우물을 완공했는데 지금도 한동 우물터에 공덕비가 남아 있다. 『제주군읍지』 제주지도에 '둔지屯池', 『조선지지자료』에 '둔지屯池', 『조선지형도』에도 '둔지'로 표기한다. 이는 만주어 '둔ДYН Г'을 음차하였기에 제각각 한자로 쓰였다. 한동리 옛 이름 '궤ГYВЭЭ'는 몽골어로 '둑, 언덕'이다. 고려 때 목마장(다루치: 목마총관부장)으로 몽골서 온 좌형소左亨蘇의 아들 좌자이左自以는 이곳을 '둔지'로 받아서 궤리를 최초로 설촌하고 좌가장(목장)도 만들었다. 그러나 '목호의 난'에 연루되며 한경면으로 피신했는데 여명연합군을 끌고 온 최영 장군 휘하들에게 죽임당하여 용수리 앞바다는 피바다가 되었다

송당리 밴밭3저수지에서 본 둔지

고 전해진다.

1454년 세종실록 '한성 지리지'에는 둔지산, 둔지미 마을, 둔지방으로 소개된다. 용산기지 안의 해발 70m, 작은 언덕의 둔지산은 높지 않은 둔덕과 같은 '산' 또는 '둔전屯田'으로 군량미 마련을 위해서 받은 토지였다. 용산의 둔지는 영조 때 한양 서남쪽으로 확대된 큰 지방이 되었다. 한동 둔지의 몽골어 둔ДҮНГ은 '~의 절정에서, ~중에, ~고도로, 결과, 결말'의 뜻이다. 이는 '둔지'가 '궤ГҮВЭЭ의 끝'에 있다는 말이다. 일제 시 120년 전 함경도에서 이주한 개산툰 마을은 북한 땅을 바라보는 두만강변에 있다. 두만강변의 개산툰[屯], 압록강변의 강원툰(영경향)은 모두 강언덕 둔지에 촌락을 이루었다. 또한, 국경이나 다른 지역과 경계를 이루는 곳들이기도 하다. 한동의 둔지는 평지보다 높은 둔덕인 오름 분화구에 이류구들로 인하여 이름 붙여진 곳이다.

솔오름

미악산米岳山으로 잘못 알려진 몽골어 솔сул오름

솔오름은 서귀포 북쪽, 동홍동 산7번지에 소재한다. 해발 567.5m, 비고 113m로 한라산이 바로 코앞이다. 필자는 50여 년 전 서귀포에 머물 때, 테우리牧子들을 따라 올랐었다. 그러나 지금은 서성로 상에 주차장·탐방로도 있다. 정상으로 바로 가려 했더니 “탐방로가 아니니 탐방객과 차량 진입을 금한다”라는 경고판이 서 있다. 아래편 서쪽으로도 진입로가 있으니, 그곳으로 오를 수도 있다. 솔오름 북동쪽을 끼고 정상으로 오르는 길은 사람만 다닐 수 있는 길이다. 북동쪽 정상에는 나무데크로 만들어진 전망대가 있다. 북동쪽 전망대에 서면 한라산 정상과 동쪽으로는 멀리 제주오름 군락들이 보이고 바로 앞으로는 부챗살을 펼쳐놓은 것처럼 서귀포 앞바다의 지귀도·제지기·섭섬·문섬·범섬 등이 떠돌고 서쪽으로는 각시바위·고근산 등도 보인다.

솔오름 굼부리는 서귀포 시내를 바라보는 남향으로 열려 있다. 또한 북동쪽 봉우리 전망대에는 좁은 오솔길을 걸어서 남서쪽 봉우리를 향하여 걷는다. 솔오름 굼부리에도 둘레길과 수풀로 내려가는 길이 있다. 대부분 30년쯤 되는 곰솔들과 사스레피·동백나무도 보이고 밤나무·담팔수·가막살나무·작살나무·딸기나무와 산수국도 조금 보인다. 북동쪽 봉우리에서 삼백여 미터를 걸어가면 남서쪽 봉우리가 보인다. 남서쪽 봉우리는 높은 전파탑이 자리 잡고 있는데 철망 속에 전파탑이 넓게 자리 잡아서 전망대를 설치할 수가 없었던 것 같다. 옹색한 비탈에서 남서쪽을 바라보니 서귀포 서쪽의 오름 군락 너머로 안덕면 굴메(군산)·굴오름(산방산)까지 환히 보인다.

솔오롬은 아직까지 미악산米岳山으로 잘못 전해졌다. 조선 때에 제주목사 이원조가 1843년(헌종9)에 기록한 『탐라지초본』에 영천오롬靈泉岳은 표기되었으나 솔오롬의 기록은 나타나지 않는다. 어떤 이는 한국어 피부인 살로, 또는 쌀의 고어인 쏠이라 하여 쌀미米 자를 써서 '미악산米岳山'이라 불렀다. 그래서 이를 잘못 스토리텔링 하여서 쌀가마니를 쌓아 올린 형체라 하여 쌀오롬이라는 엉뚱한 이야기를 말하여 조선 말기에 한자로 등재한 것이 미악산이다.

그러나 제주어를 연구한 석주명도 '솔'을 몽골식 지명인 듯하다고 추론하였다. 석주명은 1943년부터 2년여간 서귀포시 영천동 제주대학아열대농업생명과학연구소으로 있으면서 제주의 나비·자연·방언·인문 분야 등 6권의 제주 연구에 관한 저서로 유명하다. 토평동 네거리에는 이를 기념하여 그의 흉상을 2005년에 건립하기도 하였다. 필자가 몽골어 사전을 찾아봐야 하겠다는 생각도 이 때문이다. 몽골어로 솔сул은 형용사로 '묶지 않은, 잠그지 않은, 풀려 있는, 열려 있는, 빈, 꼼꼼하지 않은, 임자가 없는'이란 뜻이다(몽골어-한국어 사전).

제주오롬의 김종철은 『오름 나그네』에서 이렇게 말한다. "서귀포시가 북쪽 벌판의 한라산 기슭 깊숙한 곳에 잔디와 황새에 덮여 담황색으로 잔잔히 빛나는 자태가 가로누워 있다. 어느 쪽에서 보아도 우아하고 부드러운 느낌이다. 살(솔)오롬 가까이에는 오롬 군락이 없다. 북쪽으로는 한라산 왕관릉, 아래로 오름들과 천연림이 있다. 동쪽으로는 멀리 사려니 곶자왈 숲과 그 속에 솟아오른 오름들뿐이다. 또한, 서쪽으로는 한경-안덕 곶자왈 속에 오름들이 있다."고 하였다. 솔오롬은 위로 한라산, 아래로는 서귀포까지 주위의 어떤 오롬도 묶이지 않고 열려 있는 오롬이다. 솔오롬은 어디도 막히지 않고 확 트인 공간에 유유자적悠悠自適하게 한라산과 서귀포 중간에 솟아 있다.

솔오름 정상에서 본 서귀포 시내. 좌쪽에서 지귀도, 섭섬, 문섬, 범섬이 보인다

산록남로에서 본 솔오름(좌측은 한라산 서벽)

고려 말, 몽골인들은 주인 없는 황무지 같은 제주를 열 개 목마장을 만들어 70여 년간 목마장을 운영한다. 그들은 한라산에서부터 해변 땅 서귀포(호근산?)까지 펼쳐진 이 지역을 불태우고 몽골 초원처럼 초원을 만들어 목축을 하였던 것이다. 이러한 몽골의 목축은 원나라가 쇠퇴하여지고 명나라가 동북아의 맹주로 부상하며 고려 명나라가 후금(몽골을 재건하려던 나라)을 치는데 군마 공출과 이 일로 발발한 목호의 난은 제주 땅을 피바다로 만들게 된다. 솔오름은 이 모든 역사를 직시한 슬픈 역사의 땅이다.

솔오롬 정상 전망대

어승생오롬

ᄋᆞᆯ승솜Опсон-сум(초가집 새끼줄)을 뜻한다

초가집줄 같은 어승생오롬

어승생오롬을 올라서 타는 듯 가슴 설레는 한라산 단풍을 보고 싶었다. 그러나 가을은 참담하게 가버렸다. 10월 들어서도 여름인가 싶던 날씨가 갑자기 눈이 내려 비참하게도 어승생오롬의 찬란한 가을은 빛을 잃었다. 어승생오롬은 해안동 산220-1번지, 해발 1,169m, 비고 350m이니 80세에도 오를 수 있다. 오롬 탐방로는 빗물에 달라붙은 단풍잎들이 처량하다. 가끔 하얀 눈 속에 빨간 보석이 박힌 것 같아 자세히 보니 마가목 열

매다.

경사진 탐방로는 오름의 식생이 뚜렷하다. 자락에는 제주조릿대, 그 위로는 주목·송악줄·줄사철과 낙엽 진 윤노리·덜꿩·쥐똥나무들이다. 교목인 서어·개서어·산벚나무·산개버찌가 아직도 붉은데 졸참·까치박달·층층이·산딸나무는 잎을 떨구었다. 단풍·고로쇠·당단풍 붉은 잎들이 만추를 쏟아놓는다. 화산 분출 시 불타며 뒹굴던 바윗돌들이 멈추어 선 곳에 대패집·비목·베염부기·주목 등이 바위를 감싸는데 솔비나무(제주특산)는 제자리를 잡은 듯하다.

정상 북쪽에선 제주 시내가 보이고, 남쪽으로는 한라산 웅장함이 희뿌연 구름 아래 또렷한데 좌로는 족은두레왓, 그 아래로는 장구목·윗세오롬·만세동산·사제비동산이 한라산 왕관릉을 바라보며 줄줄이 자리 잡았다. 그리고 왕관릉 아래로는 민대가리오롬과 Y계곡이 뚜렷하다. 어승생오롬 정상 아래는 둘레 약 250m가량 원형 분화구에 물이 고인다. 제주시는 산 북쪽 산지천·외도천·도근천 등이 있으나 제주시민의 식수원이 마땅치 않아서 어승생-골머리-아흔아홉골에서 흐르는 물을 유도하는 어승생 치수공사가 시행되었다.

5·16쿠데타 당시, 박정희는 범법자들을 '국토건설단'을 만들어서 제주도로 보낸다. 그들 중에는 진짜 범법자도 있었으나 쿠데타에 반대하는 이들도 있었으니 이들의 피눈물에 의하여 한라산 제1횡단도로 공사와 '어승생 수원지' 공사는 시행되었다. 정상의 일본군이 설치했던 참호는 제주항과 제주비행장을 관리하는 데 적격의 장소였을 것이다.

이형상 목사는 『탐라순력도』(1702)에서 '어승생御乘生·어승악御乘岳'으로, 이원진의 『탐라지』(1652)에서는 '어승생오롬'이라고 하였다. 또한, 이 오롬 아래서 임금이 타는 말이 나왔으므로 그렇게 불렸다 한다. 정조 21년(1797)에 산 밑에서 용마龍馬가 태어나 조정에 바쳐서 어승마御乘馬(임금이 타는 말)가 나온다는 설은 근거가 없다. 그 이유는 이 지역은 제주에서 제일 높은 고지대이고 말을 먹일 만한 초원지대도 없다. 어승생오름보다 훨씬 좋은 목장이 제주 곳곳에 엄청 많다. 또한, 제주에서 임금이 타는 최고의 말인 갑마甲馬는 표선면 가시리 지경의 갑마장인 녹산과 따리비 사이에서 키워지기 때문이다. 임금이 타는 '어승마'는 제주 각지에서 뽑은 갑마甲馬들로 헌마공신 김만일에게 위탁하여 생산하였다.

중요한 것은 석주명(나비학자)은'어승생'을 '어스솜'이라는 몽골식 지명으로 보았고, 시인 이은상도 '올시심'에서 나온 것으로 보았다는 것이다. 필자는 어승생에 대한 몽골어의 의미를 찾던 중에 몽골 국문학자로부터 가장 유력한 답을 찾았다.

몽골어에서 'ㅇ승솜Олсон-сум'의 'ㅇ스'는 '새끼줄을 꼬다'라는 동사이며 ㅇ스+ㅇ=로 명사화된 '새끼줄'이다. '솜'은 동네(지역)를 말한다. 몽골에는 340개의 솜(군/읍·면)과 1,617개의 '박(리·동)'이 있다고 한다. 이것이 이제껏 숙제였던 '어승생오롬'의 몽골어에 근거한 어원이다.

어승생오롬은 어디서 봐도 그 모양이 비슷해 보인다. 그것은 마치 제주도의 둥그스름한 초가지붕 위에 굵은 새끼줄을 동여맨 모습이라서 그렇다. 'ㅇ스솜'이라는 몽골음을 한자로 음차한 것이다. 그래서 한자로 '어승생'이라 쓴 것이다. 또한 '임금이 타는 말의 산지'라는 엉뚱한 해석을 붙인 것인 것을 오창명 교수는 음독자로 표기한 것이라 한다. 필자가 밝히는 'ㅇ승솜'의 견해는 몽골어에서 입증하는 것은 그 모양이 필자의 이야기를 증거해 준다고 본다.

봉개동 거친오름

거~치ᄀᆞᆯ 는 몽골어 기대와 희망의 뜻

거친오름이라 불리는 곳이 두 곳이 있는데, 하나는 구좌읍 송당리 산84-2번지, 덕천리 산1번지에 걸쳐 있는 거친오름과 명림로에 있는 봉개동 거친오름이다. 이 오름은 제주 4·3평화공원의 뒷산이고, 제주시노루생태공원이 여기에 있을 뿐, 거친오름은 없다. 그래서 처음으로 거친오름을 찾는 이들은 헤매고 다녀도 거친오름 찾기가 쉽지 않다. 명림로상의 거친오름은 제주시 봉개동 산66번지에 소재하고 있다. 오름의 해발높이는 618.5m, 비고 154m, 둘레 3,321m, 면적은 493,952㎡이다. 제주시 59개 오름 중, 네 번째이다.

거친오름은 중산간 오름으로 북쪽(바다 쪽)은 노리손이오름·안세미오름, 동쪽은 민오름·지그리오름·대나오름·소나오름이 있으며 남쪽으로는 개오리 형제들이 있다. 또한, 서쪽으로는 한라산 북쪽의 초원지대이다. 거친오름 탐방은 제주시 노루생태공원에서 시작된다. 이곳에는 주차장·화장실 등이 잘 되어 있다. 성산읍 수산리 4711-8번지에는 궁대오름이 있다. 여기는 제주자연생태공원으로 국가지정 문화재관리단체(사단법인조류보호협회)가 천연기념물 야생조류보호센터가 있다. 이곳에도 노루사양장이 있으니 제주도에 노루생태원은 두 곳인 셈이다.

거친오름은 두 개의 철문을 지나, 쭉 뻗은 나무들을 따라서 왼쪽으로 가면 오름으로 나가는 둘레길에 이른다. 탐방로는 야자매트·목재기둥·로프·계단 등 시설이 잘되어 있고 두 개의 휴게소를 지난다. 서쪽으로 바라보면 드넓은 은빛 억새풀 초원 너머 한라산이 절경이다. 조금 더 가면 표

남쪽에서 본 거친오름 탐방로 입구

지판이 보인다. 뒤쪽은 주차장, 직진은 오름 정상, 서쪽은 숫ᄆᆞ르편백숲길이다. 조금 더 가면 '거친오름 관찰로 오름 정상 왕복(1km)'라 쓰여서 정상까지 가보도록 마음을 설레게 한다.

거친오름의 명칭에 대해서는 몇 가지 견해가 있다. 조선시대 이원조 목사(1841~1843, 헌종 9년)는 처음으로 『탐라지초본』에서 제주오름을 등기하며 이 오름을 '황악荒岳'이라 기술한다. 황악荒岳은 거친오름의 음차 표기(외국어를 소리 나는 데로 표기하는 법)이다. 오늘날도 여전히 거친오름이라 부르며, 오름이 각종 나무로 우거져 있어서 거칠다.

『제주의 오름』은 제주도가 1997년 12월에 출판한 책으로 '산체가 크고 산세가 험한 데서 거친오름이라 불리며 북향으로 벌어진 말굽형 화구를 이루고 있다. 오름 남쪽 기슭에는 이 오름에 딸려 있는 자그마한 진물

거친오름 정상에서 본 전경

굼부리가 있고, 오름 전사 면에는 낙엽수가 주종을 이루면서 해송… 상록활엽수가 드문드문 혼재한 자연림을 이루고 있다.'고 하였다.

김종철은 『오름 나그네』에서 '몸집이 크고 산세가 험하여서 숲이 어수선히 우거져 거칠게 보인 데서 거친오름이라고 불리며, 한자 이름도 황악荒岳, 거체악巨體岳, 거친악巨親岳이라고 하는데 이는 '거친'을 소리 나는 대로 한자음을 빌려 적은 것이다.'라고 하는데 대부분의 오름스토리가 거의 같은 뜻으로 적고 있다.

황악이 '거친오름'의 차자 표기라는 말은 거의 같으나, 제주오름 어디에도 이만큼 거칠지 않은 곳이 있으랴! 그렇다면 고려시대에는 어떻게 불렸을까? 몽골어를 찾아보고 필자는 깜짝 놀랐다. '거~치Гooч'는 몽골

북쪽에서 본 거친오롬, 봄비에 이슬 맺힌 솔잎

어 명사로 '기대, 희망'이라는 말이며, 형용사로는 '사치를 부르는, 맵시를 내는, 놀리는'이라는 뜻이다. '거~치'는 몽골에서 온 말이었다.

700년 전 몽골인 2,400여 명이 제주에 이민 온다. 이들은 오롬에 올라 드넓은 초원을 바라보며 "아! 여기(제주)가 낙토(樂土·낙원)로구나!" 그리고, 마소를 목양할 기대(희망)에 찼을 것이다. 또한, 한라산 풍광(맵시)에 놀라워 "여기가 소동고스(무지개의 나라)다!"라는 꿈에 부풀었을 것이다. 이것이 오늘도 꿈꾸는 제주인의 소망이다.

모지오름

모지МУЖ는 몽골어 '속주의 땅'이란 의미

2021년 1월 1일. 지난밤 내린 눈 속에 모지오름으로 나가는 번영로는 거북이처럼 엉금거린다. 그러나 모지오름은 진록의 모습으로 그 모습이 변치 않았다. 표선면 모지오름은 크게는 영ᄆᆞ루(영주산)-대·소록산-번널·병곳오름을 잇는 큰삼각점에 있다. 또한, 작은 삼각점은 모지(장지)-새끼-따라비 등에 연해 있다. 아직껏 따라비는 할아버지, 모지는 어머니, 장자 새끼오름의 일가로 전해 왔다. 그러나 작명 과정에서 스토리텔링이 잘못

눈 내린 벌판에 모지오름

되었다. 이번 기회에 모지오롬도 그 의미와 역사를 되찾고 싶었다.

몽골[元]이 고려와 관계 맺고 백여 년, 원나라의 약화와 명나라의 부강으로 고려는 명과 국교를 맺게 된다. 이때 고려는 제주에 거주하던 몽골 자손들에게 후금(몽골족이 다시 세운 나라)을 치는 데 사용할 군마 징수를 명하자, 몽골 이민자인 목호들은 목호의 난을 일으킨다. 이에 고려는 최영 장군을 수장으로 여·명연합군을 제주로 보내어 난을 진압하고 접수하게 된다. 몽골은 성산(수산)의 왕뫼에 총관부장 다루치를 파견한다.

이민자들의 초원은 점차로 확대되어, 표선 지경인 모지·따라비까지 확대되었다. 모지오롬의 '모지'라는 명칭은 한자로 모지악母旨岳·무지악茂枝岳·모자악母子岳 등으로 쓰였다. 필자의 연구 결과는 한자어로 2가지 이상의 명칭이 쓰였다면 그것은 음차된 것으로, 여기서 모지는 몽골어를 음차音借한 것이다. 모지오롬은 말굽형 굼부리를 어머니로, 알오롬을 아들로 보고 스토리텔링한 것이다. 모지오롬은 동북쪽의 열린 굼부리를 가진 것으로 알려지나 필자가 보기는 쇠스랑 같은 'ㅌ 자' 모양으로 보인다.

'모지МУЖ'란 울란바타르대학교가 편찬한 몽-한사전에서는 '지방·성·주·지대'로, 영어에서는 area(지역·지대)로 이는 지역·분야·영역·면적 Odd로 보았다. 즉 짝이 맞지 않거나, 규칙적이지 않은·일상적이지 않은 현상·괴짜를 말한다. Odd는 속주屬州provincia로 본국 이외의 영토인 지방 행정 구획의 하나로 본국의 활동 영역과 권한이 미치는 영역이다. 즉, '모지오롬'은 몽골 속주의 땅으로 주위 오롬들과 달리 이상한 모습을 하고 있다'는 뜻이다.

고려와 명나라의 생각을 예로 든다면 장제스가 타이완으로 들어가 자유중국을 세운 것처럼 원나라가 제주도에 피난 정부를 세우려 했다는 이유로 척결하려 한 것이다. 이때 최영 장군은 몽골인 목호들의 난을 진압한다는 명목으로 몽골 이민자들을 도륙하였다. 이들은 제주도로 이민 온 후 3대를 이루고 살아온 사람들이다.

편백향 짙은 모지오름 가는 길

몽골이 고국이라 하여도 가본 적 없는 사람들이고, 제주 자연을 갈고 일군 개척자들이었다. 이런 이민자들을 살해한 최영의 만행은 600년 전에 일어난 4·3사건이라고 해야 할 것이다.

모지오름 가는 길은 번영로에서 성읍2리 로터리로 가기 직전 10여 미터 앞에서 우회전하여 들어간다. 백여 미터를 들어가면 넓은 밭이 나오고 삼거리에서 직진하여 조금 더 나가면 된다. 수리대나무·후박나무가 있는 골목을 지나서 편백나무가 우거진 300~400m쯤 비탈진 숲길을 계속 오른다. 마침, 비 온 뒤에 젖은 편백나무 숲은 향긋한 편백 향이 코끝을 스친다.

비탈진 숲길을 오른 후, 둘레길은 평평해진다. 좌측 굼부리는 녹음이 가득한데 우측으로는 편백나무 우거진 가을 길에 은백이 찬란한 억새 벌판이다. 가끔은 편백나무를 타고 오르는 붉은 망개열매·가막살열매가 청홍백 삼색의 성탄 생 트리를 만든다. 소나무·삼나무는 일부이고 대부분

가을이 깊어가는 모지오름 굼부리

은 편백나무이고 가끔 사스레피 푸른 나무들 사이에 보이는 담팔수·작살나무·꽤꽝나무들은 이미 잎을 떨구고 겨울 속으로 들어간 듯하다.

돌아오는 길, 편백향이 향긋한 오름을 내려간다. 길이 미끄럽다. 미끄러운 길처럼 제주오름의 문제도 미끄럽게 풀려나가기를 바라는 마음이다. 눈 녹은 벌판, 푸른 초원이 빛난다.

큰드르·족은드르오름

제주어 드르ДYP가 몽골어로 음차된 오름

해발 1100고지 한라산 제2횡단도로는 한국에서 제일 높은 도로다. 1100고지 휴게소는 제주-서귀포 간을 오가는 차들이 멈추어 쉬어가는 곳이다. 1100고지 전망대에서 바라본 한라산은 사철 중에 특히 단풍과 설경은 여기가 제주도인가 착각할 정도이다. 2022년 12월, 폭설이 멈춘 후 1100고지 전망대에 올라서 바라본 족은드르오름 설경은 천상인 듯 신비롭다.

지난봄 어리목 등반로를 따라 선작지왓을 탐방하였다. 사제비오름에서 선작지왓, 윗세오름을 지난다. 어리목에서 윗세오름으로 오르는 탐방로 오른쪽은 사제비오름·망체오름, 왼쪽은 족은드르오름·망동산·민대가리오름을 지난다. 그러나 1100고지에서 바라보던 큰드르(큰드레)오름은 윗세오름과 민대가리오름에 가려 보이지 않는다. 어리목 코스를 등반할 때는 지루한 숲속 층계를 지나면 바로 어리목 숲길이다. 그 숲길을 지나며 만나는 들판이 곧 선작지왓이다.

봄에는 온 들판이 아름다운 철쭉꽃이나 여름비 내리는 선작지왓은 주위를 쳐다보기도 싫었다. 안전을 위해 발아래 돌밭만 보며 걷기 때문이다. 겨울 역시 그렇다. 순백의 아름다움은 잠깐이고 춥고 매섭고 눈보라 속에 발은 시렸다. 선작지왓은 한라산 최고점인 한라산(서벽) 앞의 윗세오름과 어리목 등반코스 초입의 사제비동산을 지나는 중간에 자갈과 돌덩이(작지)들이 널려 있는 평지(왓=밭)이다. 이것이 필자가 찾은 선작지왓의 해석이다.

어승생오름에서 본 만추의 드르오름

청년 시절, 산도 길도 모르고 보이는 대로 오르던 단순함이 이제는 은빛 설경 앞에 선 노인이 되었다. 어리목의 그 가을, 산딸·고로쇠·서어나무·산벚나무·졸참나무 등 낙엽수들의 찬란한 붉은빛이 한라산을 불태웠다. 우거진 숲속에 구상나무·노가리나무들은 푸른빛으로 쌀밥의 뉘같이 박혔다. 그러나 이 겨울 1100고지를 타고 넘는 어리목에서 바라보니, 지난가을의 단풍빛은 사라지고, 설경 속에 묻힌 족은드르오름은 한가지로 은빛이다.

1100고지에서 보면 민대가리오름-족은드르오름-사제비-망체오름만 보인다. 큰드르오름-족은드르오롬는 뒤편에 꼭지만 보인다. 이제껏 드르

국립공원 어리목에서 본 족은드르

오롬은 그 어원을 모르고 있었다. 한국어에서 혹시 '두레'가 아닌가 하여 그 모양과 뜻을 유추해 보았다. 혹시 '여러 개의 오롬이 함께 있는 모습으로 '두레: 협동, 함께 어우러지다'는 의미는 아닐까?' 하여 몽골어를 찾아보고 깜짝 놀랐다. 몽골어 드르ДYP가 있었다. 몽한사전에 드르ДYP는 명사로 형태, ~진실한 모습, 본성, ~외형, ~주인공으로 이는 제주 드르(들판) 모습이나 상태일 것이다. 몽골어 드르의 진실한 제주의 모습은 창조의 여신인 '설문대할망'을, 제주의 주인공 진실한 제주의 어머니를 말함이다.

드르오롬은 선조들이 한라산을 바라보며 설문대할망을 발견한 것 같다. 그렇더라도 몽골이 왜 자기들 언어인 '드르ДYP'로 표기했을까? 몽골은 100년간 제주를 처리할 때, 제주인들이 명칭을 자신들의 몽골어로 표기했을 수도 있다. 그것은 마치 조선시대에 한자로 표기할 때, 본디 제주어와 동일음으로 표기하되 그 뜻을 찾아 표기한 것과 같다. 제주어 '드르

(들/들판)'는 한라산 앞의 드르(들판)인 선작지왓을 말한다. 족은드르-큰드르오름은 오히려 제주어를 몽골어로 표기한 것인지 모른다. 몽골어로 들판은 허서르XΘCΘP, 또는 허더언XΘДΘΘH으로 지면·벌판·야외·늘판을 뜻한다. 선작지왓(들/드르) 중에 큰드르·족은드르오름은 정확히 몽골어 드르ДYP를 쓰고 있다.

이제까지 대부분의 이름은 몽골어로 불려진 데 반하여 큰드르·족은드르오름은 그와 반대로 제주 이름을 몽골어로 불려진 경우로 보인다. 그러므로 드르ДYP라는 명칭은 제주어를 몽골어로 음차한 것일지 모른다. 이는 몽골어에서 초원이나 들판을 말할 때 몽골어 허서르XΘCΘP, 또는, 허더언XΘДΘΘH이라는 말이 있기 때문이다. 그러므로 분화는 주고받는 것이지 일방적 관계 아니라는 것을 보여준 경우로 보인다.

큰개오리

술시戌時개 방향으로 제주목을 바라보는 오름

제주시에서 한라산 방향으로 제1횡단도로(5·16도로)를 따라서 서귀포로 가노라면 한라수목원-제주마방목지에 이르게 된다. 거기에서 좌측에 보이는 오름이 개ㅇ리(개오름)다. 개오리(개ㅇ리)는 한라산국립공원의 금지된 제주 시내 17개 오름 중 하나이다. 세 개 오름 중 개오리(743m, 비고118m)는 복합형, 샛개오리(658.3m, 비고58m)는 원추형, 족은개오리(664m, 비고79m)는 서향한 말굽형 굼부리다.

그러나 '개오리'라고 하는 오름의 명칭에 대해서는 이제까지는 전혀 그 뜻을 밝히지 못하고 있었다. 그래서 개오리에 대하여 해설한 것이 잘못되었음을 알게 되었다. 보편적인 이해는 '가오리'라고 말하며 '바닷고기 이름이 오름 이름에 쓰인 특이한 경우'라고 말한다. 그리고 '한글학회의 『한국지명총람』에도 그런 내용으로 설명되어 있다'고 한다. 그러나 필자는 이를 수용하지 않는다. 가오리라 말하고 보면 가오리로 보일 수 있을지 모르나 그건 아니다.

'개오리'의 '~올/~ㅇ리УУЛ'는 만주어나 몽골어에서 '오름'이란 말이다. 본래 아래아로 쓰일 때는 한 가지였고 제주어에서는 아직도 보편적으로 쓰이는 아래아를 한국어로 표기하며 문제가 생겼다. 그래서 오름을 뜻하는 '올/ㅇ리'가 영아리·개오리·절워리·섯알 등, 즉 ~아리, ~오리, ~우리, ~올로 불리게 되었다. 성읍리의 개오름은 성읍에서 볼 때 술(개)시 방향에 있어서 개오름인데 '개오리가족'의 경우는 그렇지 않다.

개오리는 개+오리이다. 그러면 '개'는 어디서 온 것일까? 개오리의

제1횡단도로에서 본 개오리의 겨울

'개'는 몽골어로 거리라는 말이며, 고려시대는 동서로 나누고 조선시대는 남북으로 나누는 경계점에 있다. 한림의 갯거리, 서귀포 대포동 갯거리오름과 같은 뜻으로 개(거리)+올(오롬)과 같은 뜻이란 말이다.

그런데 개오리를 음차하여 개(견犬)+월(달月)자를 써서 견월악犬月岳으로 표기한 것으로 보인다. 이를 음차한 한자를 해석하여 '개가 달을 보며 짖는 형상'이라는 웃지 못할 해석을 내놓았다. 제주오롬들 중에는 이런 식의 해석이 너무 많다.

필자가 1970년대 말, 친구 따라서 개오리를 올랐었다. 그러나 최근에 올라 보니 방송국안테나·핸드폰기지국들이 더해졌다. 김승태는 2004년 한동호의 말을 빌려서 "둥그런 굼부리 안에 큰 알오름이 자리할 줄이야.

대나에서 바라본 큰개오리

이는 지도상에도 없는 오름이다. 새로운 발견이다. 개오리는 셋이 아니라 한 지붕 다섯 가족. 큰오름, 샛오름, 족은오름, 알오름, 말젯오름이 더해져 다섯오름으로 소개한다.

제1횡단도로에서 보면 큰개오리·샛개오리는 한라산국립공원의 금지된 오롬으로 만주어 오롬의 올에서 유래한다. 원추형인 개오리 형제들은 옛날을 그리워한다. 1960년대만 하여도 영등달(음력 2월)이면 들판과 오롬에 방애불을 놓아 길이 없어도 다니기 쉬웠다. 봄에는 고사리 꺾고 동무들과 말을 타고 놀았다. 가끔 어른들이 오롬 이야기를 할 때 귀넘어들었던 추억이 지금에 와서 생각이 난다. 필자는 타이완 동남아 만주와 몽골·중앙아시아에서 30여 년, 청년 때는 인도와 아프리카·남북미 여러 곳을

항해하던 것이 필자의 자산이 되었다.

그리워 다시 찾은 고향, 그러나 그리던 고향은 아니지만 그래도 오름은 변함없이 그 자리를 지키고 있었다. 개오리는 방송국 안테나가 있어서 동부지역 어디서 보아도 표적 되어 찾기 쉽다. 제수산 사연림이 울창하게 숲을 이루던 때와 달리 삼나무·소나무가 자리를 넓히는 모습은 마치 고향으로 돌아와도 외지인에게 제주를 내어준 것 같아서 슬프고 처량하다.

족은개오리

한라생태숲과 절물휴양림 사이에 묻힌 오름

제주 해안에 인접한 마을에는 때늦은 동백이 떨어지는 4월, 벚꽃도 목련도 져버렸으니 높은 고도 한라생태숲 벚꽃들은 채 피지도 못한 체 태질 당했다. 이제 막 피어난 산목련들도 때아니게 갈기갈기 찢겨버린 처참한 봄날이다. 안개마저 내려앉아 천연기념물 제주마방목장 너머로 푸르게 빛나던 큰개오리도 보이지 않는다. 잘 닦인 한라생태 숲길을 따라가는 절물(대나)오롬까지는 여러 갈래로 나뉜다. 족은개오리와 한라생태숲은 절물자연휴양림 소관이다. 그러나 족은개오리-샛개오리는 표지판이 정확하지 않아서 길 찾기가 쉽지 않다.

족은개오리 가는 길의 산벚나무 꽃봉오리가 조롱조롱 열렸는데, 섬개벚나무는 아직이다. 이제 막 피어나는 고로쇠·때죽나무·산딸나무도 아직 잎을 내지 못했다. 장미과의 팥배나무는 꽃을 보았으나 아그배나무는 아직이다. 한라생태숲으로 가는 길에는 색다른 이름의 까마귀베개나무·산뽕나무·마편초과의 작살나무·세비나무는 날로 보기가 어려워진다. 화살나무는 초봄에 쌉쌀한 잎을 나물로 먹기도 하고 한약재로도 쓰인다. 특히 화살나무의 붉은 단풍은 정말 곱다. 그것을 아는 일본에서는 단풍나무·은방울꽃나무와 더불어 3대 단풍으로 꼽는다.

개오리 3형제의 해발과 비고(산 높이)는 큰개오리(743m-118m), 샛개오리(658m-58m), 족은개오리(664m-79m), 둘레와 면적은 큰오롬(3,504m-640,913㎡), 족은오롬(1,750m-175,778㎡), 샛오롬(1,049m-73,832㎡) 순이다. 세 오롬의 높이-비고·둘레-면적은 큰오롬-족은오롬-샛오롬인데 이들의

한라생태숲에서 족은개오리로 나가는 봄 길

이름은 서쪽의 큰오름, 중간의 샛오름, 동쪽의 족은오름 순이다.

개오리 형제들은 한라산 국립공원 내에 위치하여 있다. 큰개오리는 한라생태숲 입구에서 〈천연기념물 제주마 방목지〉 건너, 한라산 쪽으로 보이는 오름이다. 큰개오리 입구는 한라산 제1횡단도로(5·16도로)상에서 남쪽으로 난 길을 따라갈 수 있다. 그러나 정상에는 송신탑들이 설치되어 있어서 서쪽에 있는 샛오름-족은오름으로 갈 수는 없다.

샛개오리-족은개오리는 한라생태숲에서 서쪽으로 가는 방법이 있고, 또 하나는 절물휴양림 동쪽에서 한라생태숲 쪽으로 나 있는 탐방길을 따라 족은개오리를 거쳐서 한라생태숲으로도 나올 수도 있다. 시간을 충분히 잡는다면 버스를 이용하여 한번 걸어볼 만하다.

한라생태숲~절물휴양림 간에는 앞서 말한 제주산 나무들이 창창하고 그 아래는 구럼패기(산상)가 뒤덮여 있어 좋은 길은 아니다. 육지서 온 부인은 "선생님 더덕 냄새가 많이 나는데요?" 묻는다. 산상나무 잎을 비벼서 냄새 맡아보라고 했더니 "내가 잘못 알았던 것 같다"고 한다. 일부 구간은 산죽도 보이나 '구럼패기'가 온 산을 뒤덮었다.

어떤 이의 오름 책에는 '개오리'와 '가오리'를 동의어로 쓰는데 그 이후 세 오름들이 가오리처럼 생겨서 개오리라고 하였다는 것이다. 이는 잘못된 말이다. 개오리를 한자로 견월악犬月岳(개견犬, ᄋᆞ리=월月)이라고 음차해서 부르는 것이다. 이후 '견월악犬月岳'은 쓰지 말아야 할 명칭이다. 그래서 '개가 달을 보고 짖는 모습' 같다는 개소리를 한다.

필자가 '개오리'라는 명칭을 수용하는 것은 만주에서 온 고량부 삼성들이 오름을 올(ᄋᆞ리)이라고 불렀다는 점이다. '개'는 몽골어로 거리라는 말이며, 고려시대는 동서로 나누고 조선시대는 남북으로 나누는 경계점에 있다. 갯거리오롬과 같은 뜻으로 개(거리)+올(오롬)과 같은 뜻이란 말이다. 한자로 표기 시 '견월악犬月岳'이라고 표기했으니, 말도 안 되게 표지판과 인터넷에 떠돈다. 그러나 이제는 본디 불러오던 '개오리'라고 불려야 한다. 이 오름을 '개오리오롬'이라 해서는 안 되는 이유가 있다. 'ᄋᆞ리=오리'가 오롬이란 뜻이고, '개오롬'은 표선면 성읍리 2974번지에 소재하며 정의현성에서 술시戌時 방향에 있다. 한라생태숲에서 개오리를 보니 이름의 사연처럼 봄 안개가 자욱하여 앞이 보이지 않는다.

물영아리

영험한 굼부리에 물이 담긴 오름

제주~서귀포 간에 5·16도로에 이어 동북쪽 남북을 잇는 남조로(조천읍~표선~남원읍) 도로상에 두 개의 오롬이 있으니 물영아리와 여믄영아리다. 수영산水靈山이라고도 불리는 물영아리는 해발 508m, 바고 128m로 남원읍 수망리 산188번지에 있다. 두 오롬을 마주 보는 초지는 옛사람들이 ᄆᆞ쉬牛馬 먹이던 촐왓(목초지)이다. 조선 후기 제주목사(1841~1843) 이원조가 『탐라지초본』에 등재하였고 고서·고지도에도 나타난다. 수영산은 '물 담긴 영험스런 산'의 의역이다. '아리'는 만주어 올(ᄋᆞ리)로 훈민정음의 아래아가 사라지며 생긴 문제들이다.

연길시의 유일한 오롬인 '모얼산帽兒山'은 얼화를 써서 발음한다. 자연은 전래 되던 말을 쓰는 관습이 있다. 모아산은 제주오롬같이 넓은 들녘에 유방처럼 솟았다. 이 오롬은 연길시·용정시 경계이고, 조선족들은 이 지경에서 세계 유일의 '사과배'를 키운다. 봄에는 하얗게 펴오르는 사과배꽃이 장관을 이루는 아름다운 곳, 가을에는 새콤달콤한 맛이 제주 밀감을 잊게 한다. 만주 땅, 연길시 중심을 흐르는 '부르허퉁'이라는 강이 있는데 '부르'는 '버드나무'이고, '허河'는 강이다. 그런데 연길사람들은 모두 '부르허퉁허'라고 부른다.

어째서 만주어가 제주에서 쓰인 것일까? 본래 고량부 삼성은 고구려 고씨, 양맥족(동예맥-서예맥) 양씨, 부여 부씨로 만주 사람들이다. 그러기에 그들이 살던 곳의 말을 쓴 것이다. 올(ᄋᆞ리)은 '항아리'의 아리, 백상아리·청상아리의 주둥이 같은 것이다. 그렇다면 물영ᄋᆞ리·물장ᄋᆞ리의 ᄋᆞ리나

목장 너머 보이는 물영아리

물영아리 정상의 습지

같은 말이다. 본래 제주어 '올이나 ᄋ리'는 아래아가 사라지며 아리·오리·우리·워리로 다른 말이 되어 버렸다. 또한, 제주도의 산정오름 호수로는 물영아리 이외에 원당봉·어승생오름·물장오리·물찻오름·금오름·세미소·동수악·사라오름 등이 있다.

물영아리에서는 2012년 송중기와 박보영이 주연한 '늑대소년'이라는 영화가 촬영되면서 그 이름이 더 알려지기도 하였다. 물영아리의 서사면은 용암류가 돌출하여 불규칙한 형태이다. 스코리아콘은 물을 뚫고 가는 성질이 매우 높은 화산체이다. 그래서 사면에 지표류가 발생하기 어렵고 산정화구호가 출현하기도 어렵다. 영아리는 화구호를 감싸던 많은 나뭇잎이 떨어져 화구호로 쌓여 벌(개흙) 같은 것이 습지를 이루어 물이 고인 것으로 보인다.

물영아리는 삼나무와 제주산 상록수들이 많은데 특히 비목은 가곡 비목悲木과 달리 실제로 낙엽수(갈잎나무)로 키 10여 미터, 지름이 한 아름으로 자라는데 비자림이나 다른 오름에도 많이 보인다. 또한, 정상에는 윤낭(때죽나무)과 참꽃나무(참꽃=진달래와 전혀 다르다)들을 볼 수 있다. 또한, 구지뽕·산뽕나무도 꽤 보이고 꽝꽝나무도 보인다. 물영아리 최고의 꽃은 눈 속에 피는 복수초로 입구 서남쪽과 잣성길 끝 지점에 있다. 탐방로 계단 가의 새우난은 은색이고 정상 서쪽으로 100미터 하산 길에는 금새우난도 보인다. 주홍색 참꽃이 져버린 오름, 여름의 절정인 물영아리에는 청자색 한라돌쩌귀·보랏빛 꿀풀 중에 천남성도 보인다.

물영아리는 정상의 시야가 가려 있다. 그러나 가득 찬 나무들은 여름 햇빛을 막아주고 겨울바람을 막아준다. 서쪽 전망대에서는 거문오름·부대오름·부소오름·까끄레기·민오름·거친오름·비치미·큰녹오름·족은녹오름·개역이(백약이)·좌보미·영모루오름(영주산)·따라비·모구리오름 등이 보이고 대한항공 연습비행장과 유채꽃 왕벚꽃으로 유명한 녹산장길도 훤히 보인다. 그러나 아직도 사려니숲·절물숲·서귀포숲·비자림숲길 등에 비하면 찾는 이가 적다. 지난겨울에 보니 노루 가족들이 목초지에서 제 세상인 양 먹고 뛰더니 오늘은 기름이 번드르르한 황소들 사이에서 유유자적한 모습이 마치 천국 같은 제주의 서정을 그려준다.

여믄영아리

산발한 산중 야생녀처럼 섬뜩한 오름

제주 동쪽 남조로 중간, 붉은오름·사려니 숲을 지나면 좌측으로 여문영아리·물영아리가 보인다. 여문영아리는 표선면 가시리 산145번지로 해발 514m, 비고 134m로 비슷한 높이다. 물영아리는 산정 호수를 가진 화구호이나 여문영아리는 동남쪽이 높은 말굽형 굼부리로 포크 형태이다. 여문은 '여물다'라는 말로 '물이 고이지 않는 단단한 곳'이다. 그러나 외관상 비슷하나 오름을 올라 보면 전혀 다르다. 동남쪽이 높고 서북이 낮게 열려 구조상·지질상 물이 고일 땅이 아니다. 오름 서남쪽으로 흐르는 '물ᄇ라내'는 남원읍으로 흘러 '수망천水望川'으로 흐른다.

물영아리와 마주 보는 두 오름 사이는 ᄆ쉬(牛馬) 먹이던 넓은 촐앗牧草地이 있다. 남서쪽 전망은 막혀도 남동쪽은 물영아리가 보이고, 북서쪽은 한라산과 붉은오름·사려니 숲속 오름들과 한라산 중턱의 교래리와 봉개동에 속한 오름들도 보이고 남동쪽으로는 물영아리에서 보이던 오름들과 연습비행장·녹산장 유채꽃-왕벚나무 길도 보인다. 여문영아리에서 사방을 둘러보니 벌판 가운데 어머니처럼 누웠거나 누이들처럼 곱게 솟은 오름들을 바라보니 표선면 제일의 오름부자인 가시리 일대와 남원읍, 조천읍·구좌읍 일대의 오름들도 보인다.

4월 초, 여문영아리를 탐사하던 중에 두 차례나 길을 잃어 헤맸다. 올라가는 길을 따라 정상 굼부리를 도는 중에 길이 사라져 버렸다. 고사리 꺾던 길을 따라 나오려니 찔레 가시넝쿨에 옷이 걸렸다. 야생녀가 잡아 끄는 것 같아 오싹하였다. 겨우 길을 찾아 나오는 듯했으나 다시 길을 잃

북서쪽으로 열린 굼부리

어 1시간 반을 헤맸다. 여문영아리 길은 야생, 그 자체이다. 저대로 자란 잡목과 소나무·삼나무가 우거져 가지에 찢기고 모자를 벗기고, 옷깃을 잡아당겨 혼자 다니기에는 섬뜩한 곳이다. 열린 굼부리에는 제주 토종나무 고목이 된 때죽나무가 특히 많다. 늙어서 선체로 고사枯死된 나무들과 쓰러진 나무들이 발길에 걸리니, 마치 시신을 넘는 기분이다.

북서쪽 벌판 주위 묘들은 모두 번호가 매겨졌고 이미 이장해 간 무덤들도 여럿이다. 이제껏 자유롭게 잠들고 너나없이 ᄆᆞ쉬馬牛 먹이던 촐왓(목초밭)인데 대체 누가 팔아먹은 것인가? 중국인들에게 팔려나간 땅들은 또 얼마인가? 자기 속만 채우는 나쁜 머리 쓰는 인간들과 시도에서 팔아먹은 땅은 또 얼마인가? 앞날을 생각하니 눈물이 난다. 타이완 원주민들이 300년 전 타이완을 정벌하여 네덜란드·스페인·포르투갈 등의 유럽 해적들을 몰아내고 비워진 땅(실은 폴리네시안 원주민들이 살고 있었는데) 바다 건너 푸젠성福建省 사람들을 데려다 채워놓았으니, 이들이 오늘날 자칭 '대만인臺灣人'들이다. 그러나 70년 뒤에는 이들도 중국공산당에게 쫓겨난 장개석 군대에게 무참히 짓밟혀 피 흘린 위에 자유중국이 세워졌다.

타이완 원주민(폴리네시안)들은 자기 땅을 잃고 산으로 피하여 고산족高山族이 되었지만, 불쌍한 제주인들은 도망할 산(오름)마저 빼앗겼으니 600년 전 범섬에서 빠져 죽은 몽골 이민들과 다를 게 없다. 나는 벌써 무인도로 떠난 사람들을 알고 있다. 어쩌면 그것이 제주 원주민인 폴리네시안을 박멸한 제주인의 죄의 결과일지 모른다. 여문영아리에서 길 잃어 헤매듯 제주오름은 지금 길 잃은 사람 같다.

"우선 먹기는 곶감이 달다"고 쏙쏙 빼먹은 이들은 누구인가? 언젠가는 중국 변방이나 타이완 산지의 소수민족처럼 쫓겨날 터인데 산으로도 쫓겨날 곳도 없으니 육지 자본에 몸이 팔려 노동하는 슬픈 족속이 될 것이다. 과거 제주가 겪은 아픔과 눈물을 잃어버린 것이 오늘의 결과를 가져왔다. 아! 자유 잃은 해중도海中島여!

서영아리

북방어 'ᄋᆞᆯ yyл'이 합성된 영험한 오름

제주에 'ᄋᆞ리'라 불리는 오름은 물영아리, 여문영아리, '서영아리'가 있다. 또한, 물장오리·태역장오리·쌀손장오리·개오리 3형제·대정읍 동알·섯알·절워리·물노리 등은 모두 다 만주어 'ᄋᆞᆯ/ᄋᆞ리 yyл'에서 나온 말이나. 아리, 오리, 우리로 표기된 말들이 여러 곳이다. 필자는 1995년부터 2013년까지 20여 년을 만주 땅에서 대학교수로 상주하였고 아이들도 중-고등학교까지 중국인 학교를 졸업하였다. 만주 땅은 조상들이 일궈낸 옥토를 지켜온 역사적인 땅이다.

조선족의 이웃사촌이던 만주족은 만주 땅에 청나라를 세우고 봉천(奉天: 현재 심양)에서 연경燕京(연나라 서울, 현재 북경)으로 옮겨간다. 그러나 만주족은 오히려 한족화中華化되며 자신들의 언어와 문화를 잃어버린다. 그러나 현재 조선족들은 만주 일대에 봉금령封禁令을 내려 보호할 때(150여 년 전) 두만강 건너의 현재 조선족자치주를 이루며 살고 있다. 만주국(중국은 일본이 세운 괴뢰 정부라고 한다) 용정시(간도성)와 화룡시를 경계 짓는 일송정(한 그루 소나무가 마치 정자처럼 보인다고 하여 생긴 이름) 봉우리를 비옴이라 한다.

본래 만주어를 한자로 표기하며 '비암산'으로 불린다. 또한, 연길시(간도성 서울)에 유일한 오름(봉우리)인 'ᄆᆞᄋᆞᆯ'도 한족들은 '모얼maoer帽兒山'이라 부르지만 조선족들은 '모아산'이라 한다. 이 역시 본디 만주어 산인 'ᄋᆞᆯ'에서 온 말이다. 제주오름의 명칭은 제주어·만주어·몽골어·한자어 등으로 표기되었으나 시대적으로 변해 온 것은 아니고 제주·만주滿洲·몽골蒙古·중국어漢語 등이 피차에 영향을 주고받으며 변화되었다.

서영아리 산정호수

물영아리를 수영산이라 한 것은 의역이다. '영'은 '영험驗하다', '아리'는 '산'으로 제주어에서도 물영아리오롬·개오리오롬이라고 습관적 오류를 범하나 주의해야 할 것은 올/ᄋ리가 곧 오롬이란 말이기 때문이다. 남조로상에서 동쪽을 보면 물영아리는 원형 굼부리(분화구)에 물을 담고 있는 화구호이다. 여문영아리는 말굽형 분화구로 두 오롬은 남조로상에서 보면 외형적 모습은 봉긋한 봉우리가 보인다. 그러나 서영아리는 봉우리가 전혀 보이지 않는 큰길에서 멀리 떨어진 오롬이다.

서영아리는 해발 693m, 비고는 93m 높이이나 도로상에서 잘 볼 수 없다. 그 이유는 서영아리 동쪽에는 어우름(38m), 동남쪽으로는 한라산, 남쪽으로는 마복이(45m), 서쪽으로는 하뉘복이(42m), 북쪽으로는 이돈이

(68m) 등에 둘러싸여 멀리 있기에 잘 보이지 않는다. 광평리까지는 1115번 산록도로상에서 핀크스골프클럽 골프장 위쪽으로 2km쯤 걸어가면 마복이가 보인다. 마복이를 지나서 억새평원을 한참 걸어 오르게 되는데, 탐방로가 따로 없어서 길을 찾기 어렵다. 단지, 나일론 로프로 길을 인도해 주어서 고맙다.

마복이를 올라서 한라산 방향으로 향하여 걸으면 억새평원에는 가막살(가마귀쌀)나무·꽤꽝낭(가마귀쥐똥나무)들과 잣담에 둘린 삼나무(소나무가 조금 섞인) 숲길이 나온다. 조금 더 나가면 좌측으로 산불에 타다만 고사목 지대가 있다. 동백꽃 피는 바윗돌 사이로 좁은 통로를 지나면 바위틈 새로 털진달래가 피는 작은 쉼터를 만나게 된다. 다시 산죽을 해치고 동북쪽으로 향하면 서영아리 정상이다. 두 개의 라바돔 바위가 한라를 향하여 장승처럼 솟아올랐고 그 아래는 검붉은 화산돌들과 붉은 송이 스코리아가 비탈을 이루니 주의해야 한다. 서영아리의 압권은 라바돔 사이로 바라보는 한라산과 서영아리 못이다.

정상~소나무숲길~산불고사목 지대를 돌아 나오면 오름 중턱의 서영아리 못이 있다. 상수도가 들어오기 전, 가뭄이 들어도 마르지 않는 물은 안덕면 중산간 마을의 비상수였다. 억새풀이 자라나면 탐방로는 사라져 버릴 것이다. 동백꽃이 지기 전에, 털진달래가 피어나는 이 계절에 서영아리를 찾아보자. 다른 계절에는 가보기 어려운 신비한 곳이다.

대나·소나오롬

저녁놀이 아름다운 한라산 중턱의 오롬

제주시~서귀포 간 한라산 제1횡단도로 중간지점인 성판악을 8km 남겨놓고 좌회전하여 동쪽으로 들어서면 비자림로이다. 한국에서 아름다운 길 1위로 선정된 이 길에서 2백여 미터쯤 더 가서 삼거리가 나오고 좌회전하면 무녜(봉개민)오롬-사려니숲길 주차장으로 들어간다. 무녜오롬을 오르는 것은 입춘이 지났으니 제주(변산)바람꽃과 복수초를 찾아보려는 것이요, 족은대나오롬을 관망해 보려는 것이다. 바라보니 겨울 끝인 족은대나오롬 골짜기에는 아직도 눈이 하얗다. 오뚝한 산체山體는 부끄러운 듯 보이나 단아한 굼부리가 오롯이 보인다. 입춘을 보낸 숲길에서 부끄럽게 낙엽 속에서 피어나는 바람꽃과 복수초를 만난다.

절물오롬이라 불리는 대나오롬은 제주시 봉개동 산78-1번지에 있다. 절물오롬자연휴양림의 절물(대나)오롬은 치장한 귀부인처럼 잘 가꾸어졌다. 사람들은 절물자연휴양림 안에 있어 절물오롬이라 부르나 옛사람들은 그렇게 부르지 않고 대나오롬이라 불렀다. 큰대나오롬은 해발 696.9m, 비고 147m, 족은대나오롬은 해발 656.7m, 비고 120m이다. 제주시 자연휴양림에 위치한 절물(큰대나)오롬 산굼부리를 돌아 전망대에 서면 큰대나 굼부리 넘어 동쪽으로 소나오롬이 보인다. 하지만 무녜오롬에서보다 감흥이 적다. 대나오롬 굼부리는 고로쇠·종남(때죽나무)·산딸(나무) 등의 슬픈 라목들 사이에 푸른 비자나무들도 가끔 눈에 뜨인다. 큰대나오롬 바닥에는 다른 수종은 보이지 않고 대부분 산죽들이다.

큰대나오롬 굼부리를 돌아서 동남쪽 끝 벤치에 앉아 한 잔의 차를 마

소나오름 정상에서 본 대나오름

신다. 큰대나오름은 이제까지 원형 굼부리로 전해진다. 그러나 이후에는 원형 굼부리라고 말할 수 없을 것이다. 실제로 대나오름 굼부리에서 보면 양쪽 굼부리로 올라가는 곳은 높다. 그러나 이제는 동남쪽 굼부리가 내려앉아서 더는 원형 굼부리라 할 수 없을 것 같다. 또한, 대나오름의 '대나大儺'는 고려·조선 시대에 궁중에서 섣달그믐 전날 밤에 역신을 쫓던 행사로 관상감에서 주관하였다. 제관이 주문을 외우며 십이신을 쫓아내면 초라니는 머리를 조아려 복죄하고 각 방위를 맡은 이들은 소리치며 악귀를 몰아내었다. 그러나 이는 대나오름의 의미는 아닌듯하다.

대나오름은 숨겨진 여인처럼 오뚝한 산체가 단아해 보인다. 또한, 단하봉丹霞峰·단하악丹羅岳으로 불렸는데 이는 붉은빛 단丹, 노을 하霞로 '노을빛이 아득하다'는 뜻이다. 봉개민오름이나 정상 전망대에서 노을을 보면

무녜오롬에서 본 소나오롬

단하/다나丹羅오롬은 '저녁노을이 마치 붉은 비단을 펼친 것같이 단아'하다. 그러나 한 오롬이 두 가지 이상의 이름이 쓰이는 것은 음차로 보아야 한다. 단하/다나악丹霞岳은 답인악踏印岳으로도 불렸는데 답踏은 '밟다·디디다·발판·신발·도장(인印)을 찍다'로 이는 '한라산 높은 곳을 디디고 들어간다.'는 뜻이다. 몽골어 택진ДЭГЖИН의 '우아하다·단아하다.'라는 말을 쓰지 않고 '다라흐ДАРАХ'라 썼다.

몽골어도 중국어 차용어와 순수한 몽골어가 있다. 대나오롬도 단아/다나端雅, 단하/다나丹霞, 단아/단라丹羅라는 한자를 음차한 몽골어로 보인다. 그러므로 이는 중국어보다 중국어를 음차한 몽골어로 보인다. 필자의 견해는 '대나-소나'는 대열을 지어 나란히 있다. 멀리 동쪽 제1열은

소나오롬에서 본 무녜오롬

바농오롬-족은지그리-큰지그리-봉개민오롬, 북쪽 2열은 족은노루손이오롬-큰노루손이오롬-봉개민오롬, 서쪽 제3열은 거친오롬-진물오롬-대나-소나, 서남쪽 제4열은 족은개오리-샛개오리-큰개오리가 4열이다. 그리고 4지창 아래 자루에는 성진이-태역장오리-쌀손장오리-불칸디오롬-예후오롬이 한라산(서쪽)으로 등이 휘어져 대열을 지어 나란히 있다.

소매에 바람이 스칠 때면 바람꽃처럼 대나의 봄은 깨어나고, 복수초가 피어나고, 황새우난, 산벚나무들이 조롱조롱 피어난다. 또한, 장생이 숲길·숫모르 편백숲길·너나들이길·생이소리길 등 이채로운 길들이 많다. 또한, 가을이면 이별초·꽃무릇·산딸나무 붉은 열매가 가을을 재촉한다.

이스렁·어스렁

1100고지 탐라각 휴게소에서 바라보는 오름

몽골어 이스ИС+재嶺에서 와전된 이스렁과 어스렁은 제2횡단도로 동쪽, 어리목, 남쪽은 영실 입구 정상에 두 오름이 있다. 1100고지 휴게소에는 산악인 고상돈 기념비·흰 사슴 동상이 있다. 이곳이 한국에서 가장 높은 1100고지 탐라각 휴게소이다. 한라산 사시절은 언제나 좋지만 여기서 한라산을 보고 나면 제주의 감흥은 다르게 다가온다.

1979년 12월, 흰 눈이 소복이 내리던 날, 필자는 한라산 제2횡단도로를 지나 서귀포로 가던 때를 잊지 못한다. 2023년 1월, 한라산을 다시 찾았지만 통제되어 차를 돌릴 수밖에 없었다. 며칠 뒤, 다시 제2횡단도로를 찾았다. 눈 녹은 모습에 실망하던 때 나타나기 시작한 상고대는 흰 눈보다 더 황홀하였다. 2023년 1월, 북극을 감싸던 한파가 느슨해지면서 전 세계를 덮쳤다. 영하의 날씨가 없던 제주도마저 영하 4도까지 내려가는 심각한 기상이변이었다.

한라산은 순백의 상고대가 꽃을 피워 관광객들은 탄성을 지르며 사진을 찍는다고 난리다. 그 설국에 기와집같이 가운데 우뚝 솟은 곳이 바로 이스렁이다. 상고대 속의 그 모습은 마치 천상의 집과 같다. 이스렁 재嶺는 광령리 산183-6번지, 어스렁 재嶺는 광령리 산183번지로 모두 선작지왓 고원에 연이어 있다. 이스렁은 해발 1,352.6m, 어스렁은 1,332.4m다. 비고로 보면 이스렁은 73m, 어스렁은 37m다. 이 두 재嶺는 탐방이 어려운 국립공원 중심에 있다.

그러나 1100고지 탐라각에 서면 한라산 동서남북을 확실히 가름할 수

탐라각에서 바라본 어스렁

있다. 탐라각 기점基點, 이스렁 앞쪽(東)으로는 날씨 좋은 날이면 한라산 왕관릉까지 훤히 보인다. 왼쪽(北)으로는 누운 듯 넓적한 망체오롬이 보이고 오른쪽(南)으로는 영실기암 건너편의 볼레오롬이 보이고, 바라보는 1100고지 탐라각은 한라산 서(西)쪽이 된다. 1100고지에서 어스렁으로 가려면 장오롬→왕오롬을 거쳐서 숲 동남쪽으로 갈 수 있고 어스렁에서는 동북쪽으로 향하면 이스렁으로 갈 수 있다. 영실 쪽에서는 볼레오롬 서북쪽으로 이스렁을 거쳐서 더 나가면 어스렁까지 갈 수 있었으나 지금은 탐방로조차 찾기 어렵다.

어스렁의 어원·유래는 아직껏 전해진 바 없다. 다만 사전에 보면 한국어 '어스'는 '굼뜨다·어슷하다·비탈지다'라는 뜻이다. 그래서 어스렁은

이스렁으로 가는 1100도로의 겨울

어슷한 재嶺라서 어스렁이라 한 것 같다. 이스렁에 대해서도 아직은 알려진 바 없으며 어스렁은 이스렁으로 나가는 37m의 낮은 언덕이다. 굳이 오름으로 분류하면 원추형 오름이다. 또한 뾰족한 데 없이 봉긋한 언덕이라 어스렁 재라는 것이다. 제주오름들은 네 가지 형태(원추·원형·말굽·복합형)로 구분한다면 이 오름은 재(영嶺)로 보기에 당연히 굼부리가 없다. 이스렁의 몽골어 이스ИС는 '안감이 없는 어두운(짙은)색 비단·검댕이·그을음'을 뜻한다. 또한 '렁'은 고갯마루인 재嶺로 중국어 발음으로는 링ling, 또는 령嶺의 제주어 발음으로 본다. 더 나가서 목동의 제주어인 테우리·지다리(곰 종류 오소리 제주어)같이 어슬렁거리며 가는 것을 비꼬듯 덧붙인 것으로 보인다.

30여 년 전, 제주오름의 선구자인 김종철은 『오름 나그네』에서 이스렁

탐라각에서 본 이스렁오름 풍경

에 대해 "짙푸른 숲의 바다에서 물너울처럼 첩첩 산릉이 일렁거린다" 하였듯이 한여름 이스렁은 안감 없는 짙은 색 비단처럼 짙푸르다. 또한, 김종철은 어스렁을 이스렁의 와전으로 보는데 이스렁과 어스렁은 실제로 전혀 다른 이름으로 불리는 두 개의 오름이다.

어느 해 가을, 골짜기를 따라 이스렁을 오르는데 고산식물인 시로미 열매를 찾았다. 시로미는 한대성 고산식물로 백두산과 한라산에서만 자생하는 멸종위기 식물이다. 탐라각 쪽에서 보면 이스렁은 숲속의 오름인 것 같으나 두 개의 골짜기를 이루는 물은 북서쪽으로는 천아오름 쪽으로 남쪽으로는 볼레오름 쪽으로 흘러간다. 그리고 동남쪽 초원을 이루는 이스렁은 다양한 모습을 가진 아름다운 제주오름 중 하나이다.

바농오름

몽골어 바롱БАРУУН(오른쪽)이 와전된 오름

바농오름은 번영로 동쪽, 회천동 주유소를 지나는 남조로상에 있다. 이기풍선교사기념관을 품은 듯 곶자왈로 이어진다. 돌문화공원 서쪽 뜰에서 보이는 오름이다. 그 모습은 말쑥하고 둥글납작한 바가지를 엎어 놓은 듯 곱다. 또한, 돌문화공원 하늘 연못(그 아래는 수석전시관)에 비치는 바농오름은 두 개의 바가지를 마주 대한 타원형으로 보인다.

바농오름은 비고 142m, 둘레 2,471m, 면적 473,959㎡로 둘레가 좁아 저경이 작은데 그만큼 가파르다는 말이다. 어떤 이는 가시덤불이 많아서 '바농(바늘)오름'이라 하나 다른 곳보다 가시가 많은 것은 아니다. '바농오름'의 '바농'은 바늘을 뜻하는 제주어를 음차한 것이라 하나 아니다.

19세기 중반 이원조는 『탐라지초본』에서는 '반응악盤凝岳'이라 한 것은 제주어 '바농(바농)오름'의 음차로 본다. 또한 『탐라지』·『제주군읍지』·「제주지도」·『제주삼읍전도』 등에도 '반응악飯凝岳', 『영주산대총도』에서는 응달陰地의 의미다. 『제주삼읍도총지도』에서는 침산針山, 『조선지지자료』는 반월악半月岳·『조선지형도』는 '침악針岳'이라 표기되었다. 반응의 음차된 뜻의 '반盤'은 넓고 펀펀한 '바위·소반·쟁반·대야' 등의 밑받침을 이른다. 또한, 밥반飯 자로도 쓰였다. 응凝은 '춥다·엄하다·심하다'로 '바농'의 음역이다. 그리고 '바농'이라는 말의 의역이 '침악針岳'이다. 그러나 몽골어 '바농'은 없었다. 몽골어 바늘은 주-'з ҮҮ' 또는 유사어 엉ОН은 몽골어로 '화살·화살이 이르는 거리'라는 말도 아니다. 필자는 제주어 오름

입춘을 맞는 바농(바농)오름

이 제주어→만주어→몽골어→한자어로 순으로 영향을 주고받으며 오늘날 제주오름 명칭들이 만들어졌다.

몽골어 '바롱БАРУУН'은 오른쪽·우측·오른편을 말하며 오른손·바른손·절친한 사람·이웃의 의미이다. 또 바롱БАРУУН은 서쪽, 서편을 뜻하며 서양(~Европ) 서남쪽(~урд)이라 할 때도 쓰였다. 교래 사거리에서 몽골인들이 '지그리오롬'을 몽골어 '치게레이'라 하고 "그 오른쪽 오롬을 뭐라고 하느냐?"고 "바롱~, 바롱~!"이라 하자 제주인들은 이 오롬을 "바

봄이 오는 파란들 벌판에서 바라본 바농오름

롱이라 하는가 보다" 하고 그렇게 불려졌다. 호주에 간 백인들이 원주민들에게 캥거루를 보며 "저 동물이 무어냐?"고 할 때 원주민들이 "무슨 말인지 모르겠다"고 "강우르Gangurru,"라고 한 것을 백인들이 '캥거루'라고 한 것과 같다. 몽골인들이 '바롱 바롱' 하는 것을 듣고 제주인들은 '바농오름'으로 알았고 육지서 온 관리들이 전하는 과정에서 침악針岳이라고 해설하여 쓰게 된 것이다.

바농오름 탐방로 1코스는 아래서 300여 미터를 오르는 것이다. 가파른 계단 숲 사이로 로프를 잡고 헐떡거리며 쉬어가도 이삼십 분 거리다. 정상의 원형 굼부리가 있고 서쪽 능선은 북동쪽으로 쓸려나간 말굽형 굼부리다. 굼부리에는 잡목과 잡초들이 무성한데, 북쪽은 사라·별도·삼양오름, 동쪽은 조천읍·구좌읍, 남동쪽은 돌문화공원과 한라산·절물공원 내 오름들, 남쪽은 표선면 일대 오름들, 남서쪽은 지그리 너머로 황혼도 볼 것 같다. 2코스는 정상 굼부리 140여 미터를 한 바퀴 돌고 굼부리 숲 속 오솔길로 나갔다. 편백·소나무가 울창한 숲이다. 여름이 오는 탐방로

낙엽진 숲길 교래 자연휴양림에서 바농오름으로 나가는 곶자왈

에는 꽤꽝낭·가막살·산딸나무가 꽃을 피운다. 개민들래·엉겅퀴가 꽃 피는 여름이다. 가시나무는 많지 않고 키 작은 나무들과 빨간 멍석딸기가 탐방객을 유혹한다.

가을 들판에는 제주 사람들이 좋아하는 말똥버섯도 보이고, 보랏빛 이질풀·연보랏빛 쥐손이풀꽃도 보인다. 겨울 길목에선 붉은빛 가막살 열매·망개 열매가 크리스마스 생 트리를 만든다. 지난 2월, 마른 가지에 씨앗을 품은 추분취, 여린 줄기에 고사리 새삼, 조그맣고 꼿꼿한 노루발풀, 푸른 잎으로 봄을 기다리는 새우난도 보인다. 2~3코스는 1시간 미만으로 족하다.

제3코스는 정상-굼부리-능선-서북쪽 비탈길을 따라가는 둘레길이다. 울창한 숲에 취하였다간 미끄러지기 일쑤다. 내려가는데 가파르나 1시간 30분이면 충분하다. 가을 녘 핑크빛 억새풀도 좋지만, 푸른 초원과 아늑한 숲으로 비바리 같은 바농오름 봄을 찾아가 보자.

지그리오롬

연북정에서 바라 본 치게레이Чигээрэй 오롬

지그리오롬은 교래자연휴양림 종점에 있다. 화산 분출 시 이뤄진 곶자왈 지대에 조성된 이곳은 돌문화공원과 접해 있다. 휴양림에는 휴양관·야외공연장·생태체험지구·산림욕장도 있으며 오롬산책로 종점에 지그리오롬이 있다. 옛날 제주목의 가장 오지奧地라 하는 ᄃᆞ리(교래리)에 있으나 지금은 제주시·서귀포시 간 남조로행 직행버스를 타면 바로 도착할 만큼 교통이 좋다. 제주시에서 번영로를 따라 교래자연휴양림으로 갈 수 있다.

제주목사 이원조의 『탐라지초본』에는 '지기리악'으로 표기됐는데, 음차된 '지기리'라는 말은 어디서 왔을까? 한국어사전에는 '지그리-하다', '지껄이다'의 고어로 '지그시 닫아두다·찌그리다·찡그리다·쭈그리다'라는 말과 유의어로 '지치다: ~시달려 기운이 빠지다'라는 뜻도 있다. 고려말 반도와 제주 간을 연결하던 별도(화북)포·조천포가 있었다. 여명麗明연합군 상륙 시는 이를 피하여 좌면 함덕포, 우면 명월포로, 광해군이 귀양 때는 어등포(행원)로 상륙했다.

몽골 치하의 다루가치(몽골총관부)가 제주로 왔다면 당연히 조천포로 상륙했을 것이다. 조천포는 공식적으로 공무원이 이용하던 개항장이다. 조천포구의 연북정은 제주의 유형문화재 제3호(1971.08.26)이다. 이곳은 1590년(선조23년)에 지어졌지만 고려 시에도 이 포구를 이용하였을 것이다. 성은 동북쪽으로 물려서 쌓고 그 위에 망루는 쌍벽雙壁이었다. 쌍벽은 '청산녹수靑山綠水에 접했다'는 뜻이다. 녹수는 조천 앞바다인데, 청산은

남조로상에서 본 지그리오롬

어디일까? 몽골 다루가치가 남쪽의 산을 가리키며 물었을 것이다. "저기 똑바로(치게레이Чигээрэй) 보이는 저 산의 이름은 무엇이오!" 손가락질하는 말을 들은 제주 사람들이 이 오롬을 '치게레이→지그리'라고 한자로 음차한 것으로 보인다. 마치 호주에 간 백인들이 저 동물은 무엇이냐(캥거루kangaroo)고 물었는데 그 동물을 캥거루로 알아들었던 것과 같다.

한자 '지기리之奇里'는 '오롬이 뱀처럼 갈지之 자로 기이奇하게 생겼다'는 뜻이다. 실제로 지그리오롬을 탐사해 보면 구불구불한 곶자왈을 3시간여 걸어야 한다. 중국은 외국어 표현법의 두 가지 중, 소리 나는 대로 채용한 경우(예로서 카드는 카kǎ卡, 카피엔kǎpiàn卡片으로, 컴퓨터는 '뎬노前腦: 전기뇌'라고 쓰는 경우)가 있다. 지그리오롬이 소재한 곳은 곶자왈 지경으로, 곶자왈은 화산 분출 시 용암이 크고 작은 바윗덩이가 쪼개지며 만들어져 바위·자갈·나무·덩굴 등이 뒤섞인 곳으로 제주만 있는 고유어이다. 제주에는 한경-안덕, 애월, 조천, 구좌-성산 네 곳 중 조천곶자왈의 중심이 지그리오롬이 소재한 교래곶자왈이다.

교래자연휴양림은 소나무·삼나무·편백나무 등의 인공조림지가 중심에 자리 잡았으나 이곳은 교래곶자왈 끝 지점인 지그리오롬 아래편, 오롬 서쪽에 편백나무 숲이 자리를 잡고 있을 뿐이다. 교래자연휴양림은 오롬 일부를 제외하고는 제주산 나무들이다. 산딸나무는 날개 펴 작은 나비처럼 피어나고 때죽·빗살·고로쇠·단풍·상수리·비목·산뽕 등의 교목과 중간층 소교목들은 구지뽕·윤노리나무와 산상·작살·꽤꽝(가마귀똥)나무·가막살나무가 보인다. 바위에는 모람·마삭줄·줄사철·으름·머루·다래·청미래가 푸른 열매를 달았고 콩잎처럼 먹음직스러운 칡잎이 엉클어졌다. 아래 바닥에는 양애끈·고사리·물봉선·산수국이 보인다.

큰 나무 아래 산수국이 피었는가 하였더니 바위수국이 타고 올라 꽃 피웠다. 바위틈에는 새우난과 갈매기난초와 이름 모를 난꽃들이 보인다. 쪼그려 앉아 향기를 맡고 잘 크라 쓸어주고 일어선다. 울퉁불퉁 구불구불 불편한 곶자왈 숲길은 파고드는 녹음이 푸른 물에 잠긴 듯하다.

> 곳곳곶자왈 자글자글 자갈왓 솟아난 영봉
> 초록빛 바다에 뒤집힌 나의 배는 일어설 줄 모르고 청산에 묻혔구나
> 푸른 물 철철 교래 숲에 빠져서…
>
> - 문희주 「푸른물 철철 교래 숲에 빠지다」 중에서.

족은지그리오름

산속 들판 위의 자연산 지그리ЖИГҮҮР오름

족은지그리오름은 보기에는 이뻐 보여도 탐방로도 없는 야생의 오름이다. 조천~남원 간 남조로 동북쪽에 백십오륙년 전인 1907년 제주도에 첫 개신교를 선교한 이기풍 선교사의 기념관 뒤에서 남서쪽으로 조금 더 가면 바농오름이 있고 서쪽 들판 너머에 족은지그리오름이 보인다. 조천읍 교래리 산115번지, 해발은 504m, 비고 69m, 둘레는 2,164m이다. 바농오름 앞에서 보면 들판 너머 북쪽으로 보이는 오름이다.

족은지그리오름은 말굽형 굼부리가 남동향으로 열려 있다. 큰지그리오름이 말굽형으로, 남서쪽으로 열려 있는 것과 다르나 두 오름의 굼부리가 방향은 달라도 비슷한 시기에 분화하였으나 굼부리의 모양은 풍향과 관계가 있다. 족은지그리오름은 조천읍 소재의 제주시 교래자연휴양림의 종점인 큰지그리오름 서북쪽에 있으나 이 오름을 탐방하려면 오히려 바농오름 주차장에서 주차한 후에 서쪽 목초밭으로 나가야 한다. 족은지그리오름은 북동쪽으로는 바농오름과 남동쪽으로는 큰지그리오름이 있다.

제주도 북쪽의 앞바다 즉, 한반도에서 본다면 좌면이 조천·구좌 쪽이다. 그러나 제주도에서 보면 그 반대이다. 탐라국(영주목) 당시 좌면은 그 후에 구좌면과 신좌면으로 나뉜다. 신좌면은 구좌면과 달리 해방 후에 면 소재지를 따라서 조천면이 되었다. 큰지그리오름과 족은지그리오름은 신좌면(조천읍) 정남향에 있으며 남쪽으로는 한라산이 가까운 중산간 교래리에 있다.

한 차례 초원을 덮었던 눈이 사그라지는 겨울 속의 지그리오름

조선조 때 제주목사 이원조가 쓴 『탐라지초본』에 이 오름은 지기리악之奇里岳으로 표기되었다. 그래서 최근까지 불린 명칭은 '지그리오름'이다. 그렇다면 이 명칭은 과연 어디서 온 것인지, 이 명칭이 제주어에서 온 것인지, 한국어에서 온 것인지, 만주어나 몽골어, 또는 한자어에서 온 것인지 밝히지 못하고 있다.

제주어에서 온 것이라면 '지꾸리(찍구리)'에서 온 것으로 생각해 본다. 제주어 '지꾸리'는 한국어 직박구리를 말한다. 몽골어로 직박구리를 찾아보니 '복잡하다·시끄럽다·어지럽다·혼란하다'라는 뜻이니 그 의미가 지그리오름의 뜻과는 비슷한 점이 있어 보이나 비슷한 음은 찾을 수 없었다. 한국어 '지그리'는 지그재그·지그리-하다는 뜻으로 지껄이다의 고어이다. 그러니 지그리오름이 한국어에서 유래하지는 않았던 것으로 보인다.

중국 동북지역에는 만주족 자치지역도 있고 만주어도 있으나 만주어는 완전히 역사 속에서 사라져 버렸다. 한자어는 조선조 때 지기리之奇里의 음과 뜻은 유사하나 그 기원은 몽골어로 보인다. 몽골어의 '치게레이Чигээрэй가 지그리로 변화된 것으로 보인다. 또 하나는 '지구르ЖИГYYP'로 이는 날개·측면·옆면으로 지그리오름은 한라산의 날개로 보면 북쪽 측면에 있다는 뜻이나 설득력이 다소 약해 보인다.

근지그리오름과 달리 족은지그리오름은 인공림이 전혀 없고 제주산 나무들이 가득하다. 산딸·윤낭(때죽)·고로쇠·단풍·산뽕·구지뽕·윤노리나무와 그 아래로 작살·산상·가마귀쥐똥·가막살나무가 자라고, 쓰러지고 뽑히고 썩은 나무들이 그나마 생긴 샛길도 막아 버린다. 지난 2월 초. 족은지그리를 다시 탐방하였다. 바농오름 서북쪽에 있는 족은지그리는 푸른 목초밭 너머에 오뚝한 자연산 오름이다.

잔설殘雪이 푸른 목초밭 구석과 나무 그늘과 바위틈, 큰 나무 아래 숨어 있으나 푸른 잎으로 겨울을 보낸 새우난들이 가냘파 보인다. 지난여름 바위를 타고 오르던 바위수국은 시든 줄기뿐이고 줄사철과 송악줄은 이 겨울에도 푸른빛이 반짝인다. 우수가 지나고 봄이 벌써 온 듯하여도 윤이월 추위는 아직도 동장군에게 붙잡혀 쌀쌀하다.

궷물오름

언덕(궤ГҮВЭЭ)과 백중절 우란Улаан의 설화

궷물오름은 한라산 제1횡단도로 관음사 쪽에서 좌회전하면 산록북로에 인접하여 있다. 입구에는 큰 표지석이 있는 주차장이 있다. 애월읍 유수암리 산136-6번지, 표고 597m, 비고 57m인 오름 기슭(궤)에 물이 고여서 궷물인 것이다. 궷물오름은 몽골어 궤가 곧 언덕이라는 말이다. 궷물오름은 몽골어 궤(언덕)+물의 합성어인데, 바위굴에서 솟아나는 물이 묘수로 잘못 알려졌다.

제주어로 바위굴을 이르는 궤(괴)+물의 합성어로 '바위굴에서 솟아나는 물'을 이르며, 묘수猫水는 '궤물'의 한자 차용어로 중세 국어로 고양이를 일컫는 제주어 궷물의 '궤'와 음이 같아서 궤 고양이(猫)+물(水)의 합성어로 불린다. 하지만 물이 나와 궷물이라는 말은 근거가 없으며, 궷물오름의 '궤'는 몽골어 궤로 이는 언덕이라는 말이다.

필자는 여기에서 그 근거를 소개한다. 구좌읍 세화항구로 나가는 언덕 아래 지금은 매립되어 사라졌지만 '고냉이물'이 있었다. 이 물은 언덕 아래 있었는데 바닷물이 빠져나간 썰물 때뿐 아니라 조간대라서 밀물에도 샘이 솟는다. 다른 용천수들이 바닷물에 잠겨도 '고냉이물'은 언덕 아래서 흘러내려 어머니들이 그 물을 이용하였다. 구좌읍 한동리는 해방 이후 궤뱅디에서 평대리와 '괴(槐/궤)리'로 나뉘었다. 둔지오름을 소개할 때 궤ГҮВЭЭ는 몽골어로 둑·언덕이라고 소개한 바 있다.

애월읍 유수암리 궷물은 고인 물이나 바위굴 물이 아니라 '오름 언덕 아래 있는 물'이요, 둑을 쌓아 만들었다. 궷물오름의 굼부리 언덕 아래

궷물오름으로 정상으로 나가는 길에 단풍이 붉어진다

물을 찾았으나 작은 선돌(바윗돌) 하나뿐이다. 어떤 이는 그곳에 물을 찾아 사진을 찍기도 하였으나 갈수기에는 대부분 말라 있었다.

이 오름이 묘수악猫水岳·괴수악怪水岳이라 전해지는데, 이는 모두 고양이다. 그러나 이원조가 최초로 기록한 『탐라지초본』에는 등재되지 않았다. 이 지경은 애월읍 공동목장 지경들로 테우리牧童들은 상류에 식수 터를 가지고 있었을 것이다. 궷물오름은 중잣성 지경이고 그 위로 노꼬메큰오름과 족은오름 자락을 경계로 중잣성을 경계 짓는 곳이다. 이 오름 중턱에는 테우리 막사를 재현시켜 놓은 곳도 있다. 그 안을 들여다보니 돌담

궷물오름으로 나가는 탐방로에는 가을에 전량인 억새풀이 피어난다.

으로 쌓여서 비를 피하거나 밤을 새울 수도 있었을 것이다.

음력 7월 15일, 백중은 몽골의 우란분절盂蘭盆節에서 유래한다. '우란Улаан'은 몽골어로 빨강+호우터хот는 '도시'이다. 우란하오터Улаанхот는 중국 내몽골자치구 성도이다. 우란분절의 '분盆'은 고대 춘추·전국시대부터로 샤머니즘에서는 이날을 명절로 지키는데 이는 라마불교(몽골)에서 전해진 것이다. 이는 몽골총관부가 제주도에도 전하여 테우리들의 명절이 되었다.

여기서 빨강은 말의 피를 뜻하며 잔盞에 부어서 희생 제사를 드렸다. 백중제는 산야에서 드려지는데 테우리(牧童)들을 위로하고 목축의 번성을 위해 제사(명절) 지낸다. 어떤 이는 백중이란 목동이 있었고 그와 옥황상제에 관한 설화를 말하나 필자는 아직껏 백중이란 테우리가 있었다는 말은 들은 바 없다. 고려시기 몽골의 말이 들어오며 백중제와 테우리 명절도 전해졌다.

이미 11월인데도 산수국은 아직 푸른데 가을의 전령으로 피어오른 억새들이 사람 키를 훌쩍 넘기고 손을 흔든다. 담팔수들은 푸른 잎-노란 잎-주황빛으로 변한다. 진입로 오른쪽 비포장길로는 산딸기 붉은 줄기에 잎이 푸르다. 그러나 머귀낭·두릅낭은 이미 잎을 떨구었다. 테우리 막 북쪽은 제주 시내가 내려다보인다. 정상으로 가는 길 오른편에는 삼나무 숲이다.

산죽들이 굼부리 언덕길로 인도한다. 북동쪽 열린 굼부리에는 나무들이 가득하여 보이지 않는다. 남쪽의 우뚝한 노꼬메 큰오름·족은오름 등의 제주오름들이 아름다움을 더한다. 오름 서북쪽을 돌아서 남동쪽으로 돌아보니 곰솔 나무들이 창창하다. 굼부리로 들어가려 하나 잡목들과 가시덤불이 길을 막는데 노꼬메로 가는 길은 야자매트로 이어진다.

어대오름

몽골어 난쟁이란 뜻을 가진 어대ООДОЙ 오름

철기·토기·조선용 목재를 생산하던 전설의 어대오름은 난장이라는 몽골어였다. 덕천리에는 7개 오름이 있다. 덕천리는 송당마을과 달리 제주도 368개 오름에 속하는 오름은 일곱 개뿐이지만 오름이라고 부르기에 부끄러운 오름 새끼들이 많다. 덕천리는 옛날 거멀(검흘)이라 불려 왔다. 『탐라순력도(1703년)』, 「탐라지도(1709년)」, 「제주3읍도총지도(18세기 중반)」 등에 이미 덕천리가 등재되었다. 일제강점기지도(1:50,000)와 『삼군호구가간총책』(1904)에도 덕천리에는 86가구가 나타난다.

덕천은 제주어 설덕(곶자왈)의 덕, 샘천의 천을 음차한 것이다. 요즈음 한자로 '덕 있는 샘'이라고 말하니 우스운 일이다. 상하 덕천으로 나누는 마을에는 새끼 오름들이 많다. 송당과 경계 이루는 체오름·거친오름, 조천과 경계인 거문오름과 주체오름·북오름·종재기·웃식은이·알식은이·어대오름 등(368개 오름) 외에 새끼 오름들이 많다.

김종철은 어대오름을 "광야를 달리는 날씬한 유선형의 전철 같다" 했으나 막상 정상에 서면 일직선 유선형은 사라지고 마치 활처럼 휜 등성이는 서북으로 열린 굼부리 안에 산전山田들이 자리 잡았다. 그 안에는 서북으로 하늬바람을 막아주니 오름 안은 포근해 보인다. 서북쪽 선흘리로부터 포장된 중산간 일주도로 동쪽으로 이어지는데, 그 끝에 동래정씨 선산과 멀리 바다도 보인다. 그러나 남쪽(한라산 쪽)은 나무에 가려 뵈지 않는다.

오름을 내려와 보니 동북쪽 한동 둔지오름은 보이나 돛오름·ᄃᆞ랑쉬 등

유선형 전철 같은 어대오름

은 보이지 않는다. 하지만 덕천·선흘을 잇는 동백로 상의 어대오름은 환하다. 어대오름御帶岳은 '어거하다·다스리다'는 뜻의 왕을 상징하고 대帶는 띠나 띠 모양의 지대를 일컫는다. 또한, 어대악으로도 쓰였는데 이는 고기 어漁와 대산岱山자니 왕을 뜻하나 이는 모두 몽골어의 한자표기다.

필자가 몽골사전에 찾아본 결과 어대ООДОЙ는 난쟁이(одой хҮн, тарв аган хҮн)를 낮잡아 이르는 말, 키 작은 사물, 다리 짧은 닭ОДОЙ ТАХИА·인삼ОРХООДОЙ을 말한다. 영어로는 'warf·midget로 신화 속의 난쟁이(小人)로 지하에 살며 금속과 관련된 말'로 묘사되나 난쟁이, 또는 왜소증 환자를 일컫는다. 근처에서 저류지를 파면 옛날 토기 파편들을 발

한겨울에도 푸르게 빛나는 굼부리 속의 산전

자금우는 늦은 가을 제주 곶자왈에서 열매 맺어 봄을 맞는다

견되며, 어대오름과 선흘 바매기오름 일대는 철기 생산과 제련을 하던 곳으로 알려진다. 필자는 고고학·지질학자가 아니라 잘 모르나 어대오름이라는 명칭이 이를 증거한다. 또한 이 지역은 제주의 고대 무역선인 떡판배 목재를 생산하던 곳이다. 그러나 일제 말기 공권력이 약화되며 도벌되고, 4·3사건 때는 좌익 폭도를 죽인다는 명목으로 불 질러졌다.

1960년대 군부독재는 식목을 강제할 때 지금의 소나무·삼나무·편백나무들이 심었다. 필자는 어대오름에서 제주산 토종 나무들을 찾았으나 목재로 쓰이던 가시나무 종류는 한 그루도 찾지 못하였다. 고작 볼 수 있는 것은 흔해 빠진 소나무·삼나무 속에 목재로 쓸 수 없는 참식·새덕이·생달·아외나무·구럼비나무 등의 상록수와 고령근(먹구슬)·머귀나무·담팔수나무들이고 아주 적게는 근처에서 상수리나무 등이 조금 보였다.

덕천 리장이던 한경천 씨는 "오름을 정비하며 야자매트·표지판·안내판을 세웠으나 찾는 이가 적어 아쉽다"고 하며 또한, 필자의 고증을 받지 못하여 정확한 역사를 알리지 못한 것이 아쉽다고 하였다. 꽉 찬 숲이 신선한데 키 큰 나무 아래 손가락만 한 '자금우'가 잘 정비된 바닥에 반짝거리는데 아픈 역사를 딛고 일어서는 제주인의 모습을 보는 듯 빛난다.

시근이오름

빽빽한 가시나무숲의 몽골어 시구운шигүүн

'맥이 식었다'는 의미로 잘못 알려진 시근이오름은 구좌읍 덕천리 1450번지 일대에 소재한다. 중산간동로에서 덕천리 남4길 시멘트 농로를 따라가면 명패도 탐방길도 없는 오름이 있다. 시근이오름은 해발 286m, 비고 45m, 둘레 1,335m, 면적 139,259㎡, 저경 478m로 주위

북쪽에서 본 시근이오름

에는 어대오롬(455m), 주체오롬(447m), 뒤굽은이오롬(416m), 당오롬(459m) 등의 저경과 비슷하다. 필자는 지난 몇 년간 시근이를 탐방하며 그 유래를 찾으려 애썼다. '시근'이란 시근거리다·광석 속에 섞인 금의 분량·새나 박쥐 따위가 날개를 움직이는 근육翅筋, 철의 사투리=試根이며 '시근이 없다'는 경상도 사투리로 철없는 아이들을 나무랄 때 쓰이며 찬밥을 식은밥이라고도 말한다.

'시근이'란 이렇게 여러 가지 뜻으로 쓰였는데 『제주의 오름』 『제주의 오름 368』 『오름 나그네』 등의 소개가 다르지 않았다. 어느 지관地官이 시근이오롬을 지나가며 "이 산의 맥이 식었다(사지死地)." 하여서 '식은이 오롬'이라는데, 덕천리나 이웃 노인들도 똑같은 얘기였다. 그러나 필자

시근이오롬에 가득찬 가시나무

시근이 자락에 들꽃으로 피어난 꿀풀

는 이러한 시근이오름의 유래에 동의할 수 없었다.

필자는 이 오름을 탐방하며 유래를 찾지 못하던 중에 몽골어 사전에서 이 오름 지명을 유추할 수 있는 단어를 찾았다. 몽골어 형용사인 '시구운 ШИГҮҮН'인데 이 말은 '치밀한·꽉 들어찬·밀집한·빽빽한'이라는 뜻이다. 필자는 시근이오름을 탐방하는 중에 빽빽한 밀림에 감싸인 오름을 보며 '오싹'함을 느꼈다. 그중에 크고 굵은 나무들이 많아서 가까이 가 보고 놀랐다. 그 나무들은 가시나무들이다. 상록의 가시나무들은 제주도와 한반도 남쪽 섬 지역에 분포하는데, 육지와 다른 상록의 가시나무들은 손지오름에서 본 이후 처음이다.

몽골이 제주를 접수하고 일본 정벌의 전초기지 삼아 군함 재료인 가시나무를 벌채하던 곳이 이곳이다. 제주인들은 가시나무로 도구리(함지박)·솔박·작박·살레(찬장)·마루판 재료로 썼다. 필자의 옛집도 새마을사업 전에는 가시나무 마루판이 있었다. 그러나 나이 들어 귀향했을 때는 옛집은 외곽도로를 건설하며 사라져 버렸다. 이처럼 제주인들이 많이 쓰던 가시나무는 질 좋은 조선용재造船用料가 되었다. 그래서 몽골인들은 이 오름을 시구운ШИГҮҮН이라 하여 출입을 금지했다. 같은 뜻을 가진 두레흐ДҮҮРЭХ나 락트НЯГТ라는 말을 쓰지 않고 몽골인들이 시구운ШИГҮҮН이라고 쓴 이유는 이 말이 한국어의 시궁(창)으로 오해한 까닭이 있다. 몽골이 제주를 '나토'로 여겼는데 굳이 '시구운'이란 말을 쓴 것은 이 말이 식었다기보다 '시궁창'이라는 오해를 사게 한 것이다. 시궁창은 더러운 물이 고여 썩은 바닥을 말하니 지력이 식은 땅으로 오해하여 묘지도 쓰지 않게 하여 조선재료를 보호하였던 것으로 보인다. 어찌 사지死地에 그렇게 큰 숲을 이룰 수 있는가!

시근이오름은 굼부리가 없는 원추형으로 밖에서 보면 솔박(한 되들이 정도로 가시나무 등으로 속을 파서 만든 럭비공을 길게 자른 모습 또는, 작은 배의 모습)을 닮았다. 솔박은 곡식을 담거나 바람에 곡식을 까불 때 쓰는 농기구다. 탐방로가 없는 시근이 둘레길은 단오를 맞아서 무릎 위까지 올라온 풀들을 헤치고 나가기 어려웠다. 보랏빛 꿀풀들이 곱다 했더니 누가 심었는지 주홍빛·분홍빛 영산홍도 피었다. 나중에 보니 화훼용으로 심은 것 같다.

가시나무가 이 오름의 주인이나, 비자나무·주목도 있고 동백·꽝꽝·사스레피·돈나무·후박·참식·섬오갈피는 푸른 잎이 싱싱하다. 구지뽕은 열매 맺었고 산뽕 오디는 아직인데 산딸기는 검붉게 익어 마른 목을 축여준다. 조경수용 굴거리·팽나무 등도 심겼는데 길인가 싶어 여러 번 헤맨 귀갓길 해가 지는데 몽골어에서 뜻을 찾은 필자의 발은 가볍다.

큰노꼬메

한라산을 바라보는 녹색 물속의 오름

제주의 동북·서북·동남·서남 4개 지구 중 대표 미인(Miss)을 뽑으라면 동북의 도랑쉬오름(227m), 서북의 노꼬메(234m), 동남의 영ᄆᆞ루오름(영주산176m), 서남의 굴뫼(군산280m)이고 동서해의 미남(Mister)은 동녘해의 청산오름(일출봉 174m)과 서녘해의 굴오름(산방산 345m)이라 하겠다. 이 6개 오름은 높이나 경관으로 볼 때 제주를 대표하는 오름들이다. 큰노꼬메는 비고 234m, 둘레 4,390m, 면적 923,692㎡로 북서쪽이 열린 말굽형 굼부리 오름이다.

큰노꼬메는 2만 6천년 전, '아아용암(aa lava)'이 분출로 만들어진 현무용암의 한 종류로 점성이 높고 유동성이 낮은 용암이다. 용암 중심부의 치밀한 용암류 표면에 거친 클링커층이 나타난다. 아아용암의 분출로 애월곶자왈 숲지대를 이룬 게 특징이다. '노꼬메'의 '메'는 한국어에서 산山이란 말이다. 그러므로 노꼬메오름이란 말은 '역전앞·빵떡·라인선'이라는 말과 같다. '메'가 오름인데 '오름'이라 덧붙이는 건 잘못이다. '노꼬메'는 아직껏 그 뜻을 밝히지 못했는데 제주어를 음차한 것으로 보인다. 노로오름·노로손이·노꼬메 등의 공통점은 한라산에 연달아 있다는 점이다. 네이버(백과)사전에서 '산맥'이란 산봉우리가 연속된 지형·산지들이다. 몽골어 중에서 어워~Овоо는 인위적으로 만들어져 서낭당에 돌을 쌓는 것과 비슷하다. 제주에서는 "우리 말·소가 어디쯤 있나?" 보려고 도독이 쌓은 곳이다. 오~르Уул는 독립된 평지의 오름이고, 노로~нуруу는 산맥, 또는 산맥에 연하여 있는 곳이다.

금불초 핀 노꼬메의 초가을

제주오름에서 '노루·노리·녹鹿 lù 루'은 산맥을 말하는데, 실제로 노꼬메의 특징은 한라산 가까이에 연달아 있다는 점이다. 노꼬메 아래는 거문덕이(북)-알오름(동)-애월곶자왈-궷물오름-족은노꼬메-큰노꼬메(남동)들이 맥을 같이하고 위로는 노로오름-족은노로오름-삼형제오름-이스렁-어스렁오름-한라산으로 이어진다. 만약, 노꼬메의 '꼬'가 몽골어 '고이гоё'에서 온 것이라면 '좋다·멋있다·아름답다·풍성하다·많다'는 뜻의 동성모음이다. 예로서 모고이(뱀), 톨고이(고개, 머리) 등이다. 노꼬메를 몽골어로 표기해 보면 '노로~고нуруугоё'인데 중국어로 음차하면 루고→노꼬lùgāo鹿高·루꾸lùgǔ鹿古·꺼우lùgǒu鹿狗로 발음되어 몽골어와 유사하다. 즉

노꼬메에서 바라본 어승생오름

노꼬메는 몽골어로 '한라산맥에 연하여 있는 아름다운 오름'이란 뜻이 된다.

제주에서 산록북로를 타고 가다가 소길리 공동목장에서 500m쯤 더 가면 노꼬메 주차장이다. 그러나 트레킹을 원한다면 괫물오름-족은노꼬메-큰노꼬메로 가는 것도 좋다. 노꼬메 탐방은 목장길 따라가는 길이다. 백로白露를 여드레 앞둔 날, 들판에 고사리는 가을볕에 검붉어진다. 찔레나무를 타고 피어나는 으아리꽃은 찔레나무를 하얗게 뒤집어썼다. 보랏빛 엉겅퀴·무릇·이질풀꽃과 노란 물양지꽃·짚신나물꽃·금불초가 황금빛을 발하는 들판이 정겹다.

두 번째 길은 경주김씨 묘지를 끼고 들어서는 숲길이다. 식재된 곰솔·삼나무가 아름을 넘기는데, 화살나무·꽝꽝나무 등의 작은 나무들과 키 작은 산죽이 빽빽한 푸른 숲길이다. 야자매트가 깔려 있어 걷기에 편하다. 세 번째는 가파른 비탈길을 숨 가쁘게 오르는 층계로 좌우편에는 제주산 고로쇠·때죽·서어나무·산벚나무도 보인다. 한차례 태풍 지난 층계에 고로쇠·산딸나무 푸른 가지들이 태질 당해 나뒹군다. 언덕 아래서부터 따라온 산죽나무가 푸른 카펫을 깔아놓은 듯 시원하다. 네 번째 길은 오름능선 길로 침식한 원형 굼부리를 보며 걸으면 정상에 이른다. 층계가 끝날 즈음에는 털진달래가 보이며, 능선을 따라 걸으면 곰솔이 호위병처럼 따라온다. 북쪽엔 산딸나무가 벽을 치고 남쪽으로는 황새풀이 자리 삽았나. 녹음이 날개를 펴며 한라산까지 날아간다.

녹색 물에 잠겨 한라를 바라는 노꼬메는 신이 준 축복이다. 지난봄 푸른 돌담 잣성길, 쌓인 낙엽 아래 솟아오르는 노루귀·바람꽃·복수초들이 피어오르는 봄꽃을 보니 가슴이 설렌다. 낙엽이 지고 눈이 쌓이고 다시 오는 봄은 전설처럼 봄꽃을 피워낼 것이다.

족은노꼬메

몽골어 '산맥'과 '아름답다'의 뜻을 가진 오름

산맥이라는 노로нуруу와 아름답다는 고이гоё가 합쳐져 한라로 나가는 족은노꼬메는 제주시에서 관음사~산록북로를 따라가면 궷물오름-족은노꼬메-큰노꼬메이다. 계속 그 길을 나가면 바리메 입구~평화로로 이어진다. 족은노꼬메는 애월읍 유수암리 산138번지에 소재하는데. 동남쪽은 한라산, 남서쪽은 바리메, 동쪽은 산세미가 보인다. 정상 서쪽은 큰노꼬메에 막혀 그 이상 보이지 않는다. 해발 774.4m, 비고 124m, 둘레 3,112m으로 말굽형 굼부리를 가졌다. 2만 6천년 전, 형성된 오름은 애월 곶자왈지대다.

네이버사전에서는 '산맥'이란 '산봉우리가 선상·대상으로 길게 연속된 지형, 산지들이 연이어 있는 지형'이다. 몽골어에서 노로~нуруу는 산맥의 뜻이다. 제주에서 '노루, 노리, 녹鹿'은 산맥을 일컫는다. 실제로 노꼬메는 '한라산에 연달아서 거문덕이오름(북)·알오름(동)·애월곶자왈·궷물오름·족은노꼬메·큰노꼬메(남동)·노로오름·족은노로오름·삼형제오름·이스렁·어스렁오름·한라산'으로 이어진다. 족은노꼬메가 가장 아름답게 보이는 곳은 궷물오름에서다. 궷물오름에서 보이는 족은노꼬메는 피라미드처럼 오뚝하고 부드러운 능선의 아름다운 모습을 볼 수 있는 곳은 노꼬메 북쪽에 있는 궷물오름에서다. 궷물오름에서 그 모습을 볼 수 있는 곳에 작은 바윗돌이 있는데 얼마 전 유명 여가수가 사진을 찍었다 하여 그 가수의 이름이 붙은 작은 바위는 오늘도 포토존으로 이름이 나 있다.

족은노꼬메 탐방은 족은노꼬메 주차장에서 바로 오르거나 궷물오름

족은노꼬메에서 큰노꼬메 가는 길

주차장을 거치거나 큰노꼬메 주차장을 거쳐서 오를 수도 있다. 궷물·큰노꼬메·족은노꼬메를 따로따로 오를 수도 있고 한 번에 오를 수도 있다. 그러나 큰노꼬메나 족은노고메를 오르기 전에 꼭 궷물오름에서 노꼬메의 아름다운 외형을 살펴보고 탐방하기를 추천한다. 궷물오름에서 족은노꼬메를 오르는 곳에는 표지판들이 여러 개 설치돼 있어 어렵지 않다. 조금 더 가면 상잣성 돌담을 만나게 된다. 애월읍은 제주의 10개 목마장 중에 제4소장에 속하며 상삿성은 한라산으로 나가는 제일 위 목장 경계

족은노꼬메 정상

이다. 마을에서 제일 위쪽에는 하잣성이 있고 하잣성과 상잣성 사이는 중잣성으로 족은노꼬메는 바로 이 경계에 있다.

궷물오름에서 족은노꼬메를 오르는 곳에는 이미 추수를 끝낸 목초밭에 목초들이 다시 파랗게 돋아나 "지금이 봄인가?" 착각하게 한다. 그 푸른 목초밭 너머로 큰노꼬메로 나가는 숲길이 보인다. 그 너머는 상잣성 돌담길이다. 지난봄, 푸른 돌담 잣성길을 따라 쌓인 낙엽 아래서 피어오르던 노루귀·바람꽃·복수초들이 마른 낙엽 속에서 피어나고 있었다. 낙엽이 지면 눈이 쌓이고 다시 오는 봄은 전설처럼 봄꽃을 피워 낼 것이다. 쭉쭉 뻗은 해송 숲을 지나면 넓은 길은 좁아지며 고로쇠·산딸·서어나무와 이미 잎을 떨군 윤낭(때죽나무)은 앙상한데 단풍·고로쇠·산목련이 붉게 타오른다. 바닥으로는 산죽나무가 아직도 푸르다. 중간층으로는 꽝꽝나무·꽤꽝나무들이 보이고 아직 잎을 떨구지 않는 작살나무 푸른 잎 사이에 보랏빛 열매와 가막살나무의 빨간 열매가 곱다. 가끔 푸른 나무가 보인다. 구상나무거나 노가리 나무인가 하여 가까이 가보니 비자나무였다.

중간쯤 오르니 다소 가파른 비탈인데 오른쪽으로는 깊게 파인 굼부리가 보인다. 그 굼부리 속에도 대부분의 수종은 같은 나무들이다. 비탈을

왼쪽은 족은노꼬메, 오른쪽은 큰노꼬메

오르면 동쪽으로 열린 봉우리를 보게 된다. 누군가 의자를 갈다 두어서 잠시 앉는다. 10월이 지나도 짙푸른 숲은 족은노꼬메에서 한라산까지 이어진다. 동쪽 봉우리 둘레길을 걸어서 서쪽 봉우리를 향하여 가노라면 계속하여 오른쪽 굼부리를 바라보며 걷는다. 굼부리로 내려가는 코스가 따로 없고 그 속을 볼 수도 없으니 아쉬워 드론으로 그 속을 사진 찍어보고 싶을 만큼 신비롭다.

큰노리오롬

몽골어 노루нурууны는 한라산맥에 속한 오롬

2024년 설을 보내고 사흘째 되는 날이다. 설 명절 전 연이은 폭설로 명림로는 통제되어 노루(노리)오롬으로 갈 수 없었다. 설이 지나고 며칠간 맑은 날씨로 비자림로와 명림로가 열리어 일찍이 조사하던 노루오롬을 찾았다. 지난주 노루생이오롬에 대한 조사와 연구를 4년 만에 마쳤는데 이번에 큰노리오롬·족은노리오롬도 일단락 지으려고 다시 찾는다. 큰노리(큰노루손이)오롬·족은노리(족은노루손이)오롬의 주소는 모두 같아서 봉개동 234-231번지이다. 그러나 내비게이션으로 찍어서는 찾아가기 어렵다. 큰노루손이오롬과 족은노루손이오롬은 주소가 같기 때문이고, 하나의 오롬과 다름없다. 그래서 여기서는 큰노리(큰노루손이)오롬으로 먼저 소개하고자 한다.

큰노리오롬은 4·3평화공원과 마주하고 있는데 큰노리(큰노루손이)오롬으로 가는 입구는 어중간하다. 잘못하면 입구가 헷갈릴 수 있다. 큰노루오롬의 입구는 몇 곳인데 서쪽으로는 어린이교통공원, 북쪽으로는 제주시청소년야영장, 동쪽으로는 한라경찰수련원 쪽으로 탐방할 수 있다. 그리고 청소년야영장으로 가는 탐방로를 조금 더 가면 한라경찰수련원 쪽과 합쳐진다. 어린이교통공원으로 나가는 길의 종점은 큰노루오롬 정상까지인데 한라경찰수련원이 세워진 후에 큰 돌로 된 계단도 만들고, 잡목과 억새밭을 정리하여 길을 내어서 정상까지 나가는 길이 생겼다. 옛날에는 서쪽(어린이교통공원)에서 오롬 정상까지 탐방하고 다시 되돌아와야 했지만, 지금은 동쪽(한라경찰수련원)으로 순환하여 탐방을 마칠 수 있게 되

큰노리오롬

어서 좋다.

노루생이오롬과 봉개동 노루손이오롬은 꼭 같이 노루사냥과 연결 지어 말한다. 『제주의 오름 368』에서도 노루=노리와 노리+손(쏘다의 고어)라고 하지만 필자는 연동 노루생이는 '노루세미'에서 온 말이고 큰노루손이오름·족은노루손이오롬은 노루와 무관한 몽골어 산맥으로 연결된 봉우리로 본다. 오름은 한국어 '오르다'의 명사형이나, 제주어 '오롬'은 북방언어로 독립된 하나의 봉우리를 말한다. 또한, 몽골어 '노로нуруу'는 여러 개의 봉우리로 연결되는 산맥과 같이 연결된 화산체를 일컫는다.

큰노리오롬의 탐방로

몽골어의 ᄋ · ᆯУУЛ(ᄋ · 로, ᄋ · 리)은 하나씩 솟아오른 봉우리를 말한다. '태를 지국립공원'같이 봉우리가 연결된 경우를 '노로нуруу'라고 한다. 제주도에서 노루는 옛말인 노ᄅᆞ→노로에서 '노리'가 됐으며, 일부 지역에서는 옛말 그대로 '노로'라고 하나 노루와는 전혀 무관하다. 『제주의 오름 368』에서는 "연이어 바농·족은지그리·큰지그리·민오롬·소나·대나·개오리·거친오롬으로 이어지는 오름들은 8폭 병풍으로도 손색이 없다."라고 한다.

몽골어 노로нуруу는 '뒤·등'이라는 말로 이 지역에서 제일 높은 거친오롬의 뒤일 수 있고, 노로온нуруу(н)은 '등뼈·척추'라는 뜻으로 지리학에서 '산마루·산등성이·산의 능선'이라는 말이다. 이는 애월 노꼬메의 '노'도 같은 뜻인데 태백산·소백산맥과 같이 한라산은 산맥으로 쓰이지 않았으나 몽골인들은 이곳을 한라산으로 가는 산맥으로 보았다. 필자는 동쪽 편 한라경찰수련원에서 탐방을 시작했다. 수련원 뒤편으로 나가면 큰 돌들로 층계가 만들어졌다. 조금 더 가면 키만큼 자란 억새와 마른 고사리들이 흑갈색으로 덮였다. 큰노리오롬은 소나무만을 심었는데, 정상에는 네 개의 통나무 의자가 있으나 소나무에 가려 전망이 막힌 원추형 오롬이다.

예전에 서쪽으로만 오가던 데크 층계, 윤노리나무도 보인다. 한참을 내려오니 산담을 쌓은 묘가 보인다. '유향별감의 묘'이다. 조금 더 내려가니 데크가 깔리고 목재 기둥이 보이는데 그 아래 숲에는 노란 복수초들이 막 피어난다. 정초에 보는 복수초라니…. 나무데크를 벗어나면 쭉 심긴 편백나무들이 보인다. 조금 지나면 키 큰 팥배나무·때죽·산벚 같은 낙엽수들 속에 비자나무·구럼비·줄사철·인동초 등의 푸른 나무들이 햇빛과 숨바꼭질한다. 2월, 오솔길에 피어날 봄꽃이 그리운 계절이다.

족은노리오름

묘지 틈바귀 덤불 속에 숨은 오름

동쪽 무덤 군락 넘어에서 본 족은노리오름

거친오름과 산맥을 이루는 족은노리(족은노루손이)오름(28m)과 큰노리(큰노루손이)오름(52m)은 봉개동 234-231번지와 같은 번지에 있다. 그러나 봉개동 명림로상에서 족은노리오름은 찾지 못한다. 봉개동에서 낳고 자랐다 하여도 오름에 관심이 없다면 족은노리오름을 결코 찾지 못할 것이다. 족은노리오름은 끈질기게 찾았더니 덤불 속에 숨어 있다. 제주도 368개 오름 중에 탐방로가 있는 오름은 1/3도 채 되지 않는다. 그렇다면 나머지 2/3가 탐방로가 없거나 찾기 어려운데 족은노리오름이 그렇다. 족은노리오름은 산노루처럼 숨어 있다가 '까꿍' 하며 얼굴을 내민다. 족은노리오름은 동쪽 편 무덤 군락 앞에서 보면 큰노리오름과 형제 같다.

무덤 군락의 묘비를 살펴보니 진주강씨·풍천임씨·성주이씨·경주김씨 김해김씨·전주최씨·전주이씨·한양조씨·남양홍씨 등 다양한데, 무슨무슨 공파公派라는 가족 묘지들이 모여 있다. 비석의 글귀를 보니 '선조님 묘소들을 양지바른 노루손봉으로 이묘하여 정성껏 가꾸고 보존 관리하고자 합니다. 西紀二千十五年 四月四日'이라 쓰였다. 이제까지 이 오름은 노루손이·노루생이·장악獐岳·장손악獐孫岳 등 노루장獐 자를 썼다. 19세기 이원조목사는 『탐라지초본』에 장악獐岳으로 등재하였다. 이는 단지 기왕에 부르던 명칭을 한자로 해석하여 장악으로 등록한 것이지 '노루(노리)'와는 전혀 무관하다. 고려 시기에 큰노리·족은노리오름은 노루와 무관한 몽골어인데, 이를 음차하여 한자로 기술한 것이다. 몽골어에서는 봉우리로 연결된 곳을 '노로нуруу'라 하고 여러 개 봉우리가 연결된 '산맥'인데, 이와 달리 하나씩 솟은 화산체를 '올-오로(уул)'라고 하는데 제주에서는 'ㅁ'을 첨가하여 강하게 발음하여 '오름'이라고 하였다.

김승태는 『제주의 오름 368』에서 "…연이어지는 오름들의 품평회가 장관을 이룬다. 바농·족은지그리·큰지그리·민오름·소나·대나·개오리·거친오름으로 이어지는 오름들은 8폭 병풍으로도 손색이 없다."고 하듯이 노리오름의 '노리'는 제주어 '노루=노리'가 아니다. 또한, 몽골어 노로н

족은노리 가시덤불 너머로 보이는 큰노리오름

ypyy는 '등·뒤'라는 말이다. 이는 명림로에서 제일 높은 거친오름·절물(대나·소나)오름의 뒤에 있다는 말이다. 몽골어 노로온нypyy(н)은 '등뼈·척추'로 지리학에서 '산마루·산등성이·산의 능선'이란 말이다. 애월 노꼬메의 '노'도 같은 뜻으로 태백산맥·소백산맥과 같다. 한라산은 산맥이 없으나 몽골인들은 이곳을 한라산맥의 줄기로 보았다.

봉개동 사무실에 "족은노리오름에 탐방로가 있는가" 문의했으나 없었다. 그래서 오름에 대해 잘 안다는 분을 소개해 준다고 하여서 "족은노리오름으로 탐방로가 있는가?" 물었더니 예상대로 없었다. 무작정 남쪽 편오름 군락에서 무덤 사이를 요리조리 돌아서 뚫고 나가는데 거칠기가 이루 말할 수 없었다. 찔레·산딸기·나무딸기·퀴카시(구지뽕) 가시들을 헤쳐나가니 오래된 숲에는 윤낭鐘木·합다리·고로쇠·굴피나무들과 윤노리·산상·가마귀쥐똥·산수국 등이 밀집하였다. 소나무와 낙엽수들을 붙잡고 기

봉개동 들판 넘어 보이는 족은노리오롬

어오르는 송악줄·덧나무 등의 넝쿨 줄기들이 살아 있는 나무들을 옥죄어 이미 죽었거나 죽어가고 있었다.

그러나 가시로 무장한 머귀나무는 기어오르는 놈이 없으니 꿋꿋하다. 족은노리오롬 남쪽 기슭은 후박나무 같은 정원수를 키우는 듯하다. 정상으로 올라가는 곳은 편백나무들이 줄지어 심겼다. 조금 더 오르니 소나무 군락들이다. 필자는 2008년 이후 16년 만에 이 오름들을 탐방하는 꼴인데 그동안 족은노리오롬이 이렇게 변한 것인가? 노루손이 북쪽은 푸른 목초밭인데 상록수 위로 솟은 오롬 군락들의 푸른빛은 소나무·편백들이다. 묘지들을 감싸안은 족은노리오롬은 산 자의 오롬이 아니라 사자들의 오롬인 것 같다. '제주인은 오롬에서 낳고 오롬에서 살다가 오롬에 묻힌다'는 말이 실감 나는 제주는 부활의 봄을 기다린다.

노루생이오름

한라산맥 속의 노루세미의 변형

필자는 노루생이오름 앞을 지나며 몇 년이 흘러도 짜증이 났다. 그런데 5년이 지나며 그 유래를 찾게 되었다. 노루생이(노루손이)오름 삼거리 북동쪽은 한라산 제1, 제2횡단도로와 1100번 도로를 이어주는 산록북로 변 삼거리 로타리다. 북서쪽을 돌면 산록서로, 좌회전하면 서남쪽은 제1

남쪽 입구에서 본 모습

횡단도로로 나간다. 그런 노루생이오름 북서쪽에 비가 오거나 눈이 녹으면 질척거리는 곳이 있다. 이곳이 바로 이 오름을 '노루생이'라고 부르게 된 노루생이 샘이 있던 곳으로 보인다.

샘이 있던 길 서쪽에는 한 그루 사스레피나무와 마른 산수국들이 보인다. 또한, 낙엽 진 윤낭·덧낭·단풍나무 등, 낙엽수들만 보아도 이곳이 중산간 고지대임을 알 수 있다. '노루손이오름' 표지석이 보이는 탐방로 입구가 있으나 이 길은 정상까지 이어지는 임도林道다. 폭이 4~5m쯤 되는 좁지 않은 임도는 오름 북동쪽으로 얼마를 더 나가니 흙길이고 북쪽 비탈길은 시멘트로 포장된 길이다. 포장길을 지나면 풀밭 지대인데, 오른쪽 도독한 언덕에 탑이 보인다. 탑 주위는 팬스이고 〈CCTV 설치 안내문〉이 붙어 있다. 설치 목적은 산불 조기 발견과 촬영범위 360도, 관리책임자와 연락처 등이 적혔다. 다른 오름들이면 산불지기가 있을 법도 한데 산불지기 대신 CCTV가 설치되었다.

소나무 아래는 담팔수·졸참나무·산벚나무 몇 그루가 고작이다. 꽤꽝낭(가마귀쥐똥)·국수나무 등이 조금 보인다. 이 오름은 좋은 교통요건과 달리 내세울 게 없다. 이곳에 소나무가 심긴 것은 꽤 오래전으로 보인다. 소나무·편백나무·삼나무가 대부분이라 이 오름이 항상 푸르게 보인 것이다. 편백·삼나무들은 푸르고 좋아 보여도 이들이 내뿜는 피톤치드는 다른 식물에게 오히려 독성이 되어 조화롭지 못하다. 그래서 그 밑에 다른 식물이 자라지 못한다.

1995년 『오름 나그네』나 1997년 제주도 발행 『제주의 오름』 등에서 "노리는 노루의 제주방언이며, '손'은 '쏘다'이고 이곳은 옛날 노루가 많아서 노루사냥으로 이름난 곳이라 붙여진 이름이다"고 한다. 제주도에서 소는 외양간에서 겨울을 보내나 말들은 겨울이면 마을 근처 촐왓(초지)으로 내려와서 겨울을 난다. 비고 136m, 해발 612.2m인 이 오름은 449.2m에서 솟아올라 한겨울에 소나 말이 없으나 노루가 물 마시던 노

봄 동쪽 하늘누리공원에서 본 모습

루샘이 있었을 것으로 보인다. 필자는 이전의 견해에 동의되지 않는다. 그래서 필자의 견해를 밝히지 못하기에 4년 넘게 이 오름을 소개하지 못하였다. 그러던 중에 동향의 한 선배와 이 오름의 유래를 말하던 중에 ~생이라는 말은 ~샘의 와전이란 생각이 들었다. 제주에 '민오름'이 많으나 지금 민오름으로 있는 곳이 하나도 없듯이 노루샘이도 그러한 변화를 겪게 된 것이다.

필자는 이전에 번영로 상의 세미오름을 열두 번 찾았으나 세미(샘)를 찾지 못했다. 근처에 사는 삼촌이 한참 떨어진 곳을 가르쳐 주어 찾았었다. 그러나 솟는 샘이 아니라 '고인 물'이었다. 노루생이오름의 질척이던 그 곳이 옛날에는 물이 고이던 곳이었으나 제주시 어승생 수원지가 생기고 아흔아홉골까지 흐르던 물이 끊겨 버렸다. 천왕사·도립공설묘지·국립묘지·승마장 등이 들어서며 물길은 끊기고 마르게 되었다. 제주에는 말라버린 샘들이 많다. 그렇게 사라진 세미 중에 한 곳인 송당의 거친오름 쇠물통도 사라진 세미들 중의 한 곳이다.

노루생이오름 남쪽은 골머리오롬, 우로는 어승생오롬이다. 노루생이오롬도 어승생오롬과 골머리오롬으로 이어지는 오롬이다. 노꼬메·노리오롬 등에서 보면 노루생이오롬도 한라산맥으로 이어지는 오롬 중의 한 곳이다. 노루생이오롬은 아직도 겨울 속에 깊이 잠들어서 그 옛날 아흔아홉 골짜기 끊긴 물길을 바라고 있을 것이다.

갯거리오롬

몽골어 개ГАЙ+한국어 거리路의 합성어

ㄹ자 모양으로 갯거리와 선소오롬으로 나누인 오롬 중의 갯거리오롬은 한림읍 명월리 15번지에 있으며 해발 253.5m, 비고 69m, 둘레 1,467m의 높지 않은 오롬이다. 그런데도 이 오롬처럼 탐방이 막막한 곳은 없었다. 길가에는 '갯거리오롬'이라는 큰 돌비가 세워졌으나 사실은 어깨를 맞댄 선소오롬 남쪽이지 갯거리오롬은 아니다. 그렇게 갯거리오롬과 선소오롬은 어디서부터 어디까지인지 구분하기 어려웠는데 지금은 길 하나로 갈린다. 즉 길 북쪽인 위쪽은 겟거리오롬이고, 길 아래 남쪽은 선소오롬이다.

동네를 돌며 물어봐도 "모른다"고 하거나 "거기 뭐 하러 가느냐 길도 없고 볼 것도 없는데…"라고 말한다. 마침, 이웃 마을(금릉리)에 사는 홍성준 씨를 만났는데, "교수님이 가신다면 낫을 가지고 함께 가지요. 그러나 기대할 게 없습니다." 한다. 동네 사람들의 말과 똑같았다. 예부터 갯거리오름은 여러 가지 해석이 있었다. 또한 서귀포 대포동에도 갯거리오롬이 있는데 이는 이후에 살펴보기로 하자. 이전에는 길 위쪽(북서편) 갯거리오롬과 길 아래 선소오롬을 하나로 보았다. 두 오롬으로 분류한 것은 갯거리오롬은 서향한 말굽형 굼부리, 아래편 선소오롬은 동향한 말굽형 굼부리가 있어서다. 그러나 두 오롬을 나눈 것은 1997년 12월, 제주도청에서 발표한 『제주의 오름』에서 368개로 분류한 때부터인 것 같다.

갯거리오롬의 모양은 이 마을 뒷산이지만 남북으로 길게 누운 산체山體가 금악리 동명리 구역으로 뻗쳐 있어 행정구역상 3개 지역에 걸쳐 있

갯거리오름의 전경

다. 제주도의 『제주의 오름』에서는 이 오름의 유래를 간단명료하게 정리한다. '산형山形이 두 마리의 개가 꼬리를 끌고 누워 있는 형상이라 개꼬리오름이라 한다'는데 이는 『한림읍지』(1963년 판)의 인용이다. 김종철은 "이 오름이 사람마다 어슷비슷 여러 가지로 쓰이고 있어서 개꼬리·개구리(골개비)·갯걸오롬·갯글오롬·피문악皮文岳·구미악狗尾岳 등"으로 불린다고 했다. 다른 명칭이 많은 경우는 외국어를 음차한 것으로 보는 것이 필자의 한결같은 견해다. 개구리는 개꼬리에서 파생된 걸로 보인다. 제주목사 이원조의 『탐라지초본』에 이 오름은 등재되지 않았다. 그 후 피문악皮文岳·구미악狗尾岳 등으로도 불렸으나 형태적으로 개狗와 연관시키는 것은 이 오름이 'ㄹ'자로 생겨서 두 마리 개가 꼬리를 맞대고 있다는 오해에서 시작되었다.

필자는 몽골어 사전에서 이 오름의 어원을 찾아보고 놀랐다. 몽골어 발음의 '개ГАЙ'는 한국어의 '거리 또는 시장'이란 말이다. '갯거리'란 말은 몽골어 개ГАЙ와 한국어 '거리'를 합쳐 놓은 말이다. 필자는 이런 현상을 '언어의 사대주의적현상事大主義的現想'이라고 말한다. 예로서 제주 '빙

선소오름 앞에 세워진
오름 표지석

떡'은 한자어 빙餠+제주어 떡의 합성어이고, 역전 앞이란 역驛+앞前과 같은 말이다. 즉, 외국어와 해석된 한국(제주)어를 같이 쓰는 경우다. 갯거리오름의 몽골어 개ГАЙ는 '거리(시장)'라는 말이다. 두 오름을 가르는 길은 '갯거리오름길'이다. 그리고 그 길 북쪽은 '누운오름길'이고 남동쪽은 한창로(한림과 창천 간 도로)이다. 또한, 중산간 서로는 북서로 금악 삼거리에 이른다. 지금 이곳은 조용한 산촌이지만 4·3사건 이전만 하여도 중산간 마을의 요지였을 것이다.

갯거리오름을 처음 마주친 2022년에는 갯거리오름을 답사하고 "쉽지 않아 보이는데…" 하고 두어 바퀴 돌아보고 물러서서 선소오름 일대만 둘러보았다. 2023년쯤 재선충 작업 차량이 다녔던 길을 발견하고 그 자국을 따라서 급하게 올랐으나 보잘것없었다. 다행히 서남쪽으로 금오름이 뾰족하게 보일 뿐. 2024년 영등달, 내리던 찬비가 더 크게 내리기 시작한다. 갯(거리)에도 영등할망이 오시는지… 정이월 다 가고 삼월이 오면 위리안치당한 갯거리오름에도 봄이 오겠지… .

파군지오름

고려군에게 파군 당한 삼별초군의 아픈 역사

김방경 고려 장군과 삼별초·김통정 장군의 격전지가 된 파군지오름은 애월읍 하귀1리 688-1번지에 있다. '파군지오름'은 해발 84.5m, 비고 50m, 둘레 1,092m이다. 애월읍 귀일리는 제주에서 가장 오래된 마을 중 하나로 2천년 전 설촌된 것으로 보인다. 이는 마을 동쪽 탐라시대 유물산포지에서 발견된 토기·석기 등의 유물을 통해서 예상한다. 귀일리는 동귀로 나뉘고, 상귀리와 하귀1리·2리로 나뉜다. 또한, 제주시가 팽창하며 배후 도시로 아파트들이 빼곡하다. 애월읍은 제주시 읍면 인구 중 첫째이고, 읍 인구의 절반이 귀일지역이다.

원종 12년(1271년), 고려는 이창경과 문선열을 몽고로 보내어 "삼별초 잔당이 제주도로 도망해 들어가서 여러 섬과 포구 사이로 횡행하는데 장차 육지로 나올 것이 염려되니 섬멸시켜 주소서!"라고 간청한다. 『고려사』 김방경전과 『고려사절요』를 보면 김방경은 선박 160척, 수륙병 1만여 명을 이끌고 삼별초 군을 격파하게 된다. 원종 12년 5월 15일, 진도에서 제1차 격전은 삼별초(배중손)의 패배로 탐라로 들어오는데, 삼별초 김통정 장군은 여몽연합군 김방경 장군과의 제2차 격전을 벌인다. 원종 14년(1273) 4월 삼별초군들은 항파두리성에서 파군봉으로 나와 격전하게 된다. 그러나 삼별초 군은 파군지破軍地에서 김방경 장군에게 패배한다. 김통정과 그 휘하들은 무수천을 따라 후퇴한다. 이것이 파군봉의 기원이 되었다.

삼별초군들이 파군오름에서 격파당하고 무수천 근처에서 재결집하려

파군지오름 탐방로 입구

했으나 이미 후퇴하던 삼별초군들은 무수천 아래 진풀린 밭에서 진이 풀리고 김통정 장군은 쫓겨서 흙붉은오름으로 후퇴하나 여몽연합군이 추격하자 자결로 3년에 걸친 '대몽항전'은 끝을 맺고 제주는 몽골 치하로 바뀌어 일본 정벌기지가 되어버렸다.

파군오름의 다른 명칭을 바굼지오름이라고 한 것은 필자의 견해로 보건대, 이는 파군지破軍地라고 부르던 것이 '바굼지'로 와전된 것으로 보인다. 그렇다면 삼별초 전쟁이 있기 전에 이 오름은 어떻게 불렀을까? 제주도에서는 오름이 마을의 중심이 될 때는 그 마을의 이름이 되는 경우가 대부분이다. 그렇다면 고려시대 삼별초 격전이 있기 전(파군봉이라 불리기 전) 이 오름은 어떻게 불렸을까? 아마도 이 오름은 지금이나 옛날이나 귀일현의 중심이 되는 마을이니 '귀일오름'이라고 불렸을 것이다. 그 이유는 귀일리는 고려·조선시대에도 독립된 귀일현이라는 큰 마을이기 때문이다.

또 하나 주목할 것은 파군오름에서 흐르는 내(川)가 고성천古城川으로 표기되는 곳은 이후 병풍내(勝戰川)로 불렸으니 어쩌면 '병풍오름'이라 불

파군지오름 정상에서
본 하귀리

렸을지 모른다. 왜냐하면, 마을 앞에서 파군오름을 보면 이 오름이 병풍을 둘러친 것처럼 동네를 감싸고 있기 때문이다. 그러나 계곡(천川) 동쪽의 오름 위로는 큰 길이 나면서 이미 오름의 모습을 잃어버렸다. 필자가 보건대, 본래 이 오름은 월영사가 있는 곳이 말굽형 굼부리를 가졌던 것으로 보인다. 이 오름을 아직까지 원추형으로 분류하는데 이것은 병풍내 서쪽 봉우리만을 놓고 말하는 것이다. 그러나 이런 상황은 실제로 오늘날, 이 오름을 살펴보면 수궁 갈 것이다.

제주의 봄날, 월영사로 들어서는데 산벚나무 꽃잎이 떨어진다. 낮아 보이는 오름이지만 오히려 동네 공원으로 개발되지 않고 입구부터 줄을 타고 올라야 하는 게 이 오름이 그나마 옛 모습을 보호해 주는 것 같아서 천만다행이다. 그 흔한 야자매트도 깔리지 않은 오솔길에 자주괴불주머니 같은 들꽃이 피어나고 오름 비탈길에는 하얀 산딸기꽃이 피어난다. 그 흔한 삼나무도 심기지 않았고 제주 곰솔나무와 종종 마주치는 바윗돌이 김통정처럼 외롭다.

늡서리오름

북방어 언청이로 성벽을 허물어 만든 통로

제주문화와 자연이 어우러진 교래자연휴양림 속의 늡서리오름은 조천읍 교래리 산95번지에 있다. 해발 488.9m이나 비고는 고작 59m밖에 되지 않는데, 이는 이 오름이 해발 432m 곶자왈 위에 솟아오른 오름이기 때문이다. 또한, 면적이 115,505㎡로 교래리의 돔베오름 면적(117,259㎡)과 비슷한 오름이다. 늡서리는 교래자연휴양림에 속하는 큰지그리오름(344,976㎡)이나 휴양림 밖에 있는 족은지그리(120,674㎡)오름보다도 작고 낮은 오름이다.

소만小滿을 며칠 앞둔 날 김경종 씨와 동행하여 늡서리오름을 탐사하게 되었다. 그의 말로는 늡서리가 사무실 바로 옆인데도 탐사해 볼 생각을 못 하고 있었다고 한다. 그는 "멀리 있는 지그리오름은 휴양림 측에서 탐방로가 되어 있는데 이 오름은 왜 버려두는지 모르겠다"고 할 만큼 이 오름은 버려져 있는 오름이다. 이 오름의 어원에 대해서는 일찍이 이 오름을 탐사한 김종철도 이 오름의 명칭에 대한 어원은 알 수 없다고 했다. 또한, 『제주의 오름』에서도 알 수 없다고 하였다. 주위 묘비에는 만상봉晩霜峰이라는 표기가 있는데 이는 늡서리를 한자로 '늦서리'라고 표기한 것은 잘못이다.

한국어사전에서 '늡'은 함경도 강원도에서는 '늪'의 방언으로 쓰이고 경북에서는 '수풀'을 일컫는다. 한국어사전의 의미로 늪이란 '땅바닥이 우묵하게 빠지고 늘 물이 괴어 있는 곳. 진흙 바닥이고 침수 식물이 많이 자라고 또는 빠져나오기 힘든 상태나 상황을 비유적으로 이르는 말'이기

교래마을에서 본 왼쪽의 지그리오름과 오른쪽의 늡서리오름

늡서리 남동쪽 자락은 성벽을 허물어 만든 통로 같은 남조로가 뚫렸다

도 하고, 유의어로 구렁텅이 또는 나락이라고 말한다. 표준한국어대사전 맞춤법·표기법에 따르면 눕은 현대 한국어 '늪'의 옛말인데 17세기 문헌에서부터 나타난다. 19세기에는 '눕'의 'ㅜ'가 'ㅡ'로 변화된 '늡'으로 나타난다. 20세기 이후에는 종성 'ㅂ'이 'ㅍ'으로 변화된 '늪'으로 나타나서 현재에 이르렀는데, 20세기 이후 1920년 판 조선어사전에는 '늡'으로, 1938년 판 조선어사전에는 '늪'으로 나타난다. 그러고 보면 현재 쓰이는 늡서리는 이미 백년 전에 쓰이던 명칭이다. 늡서리오름은 곶자왈 속의 오름이다. 필자가 탐사한 결과, 늡서리는 다른 오름들에 비하여 다소 질

퍽거려도 등성이에는 물이 없었다. '물水'의 의미는 아닐 것으로 생각되었다.

고려대 중한사전은 위의 뜻과 달리 활자豁子huō·zi라고 하였다. 이는 몽골어사전에 의하면 북방어로 '언청이(唇裂)' 또는 '성벽을 허물어 만든 통로城墻豁子'의 뜻이다. '언청이'라 함은 이 오름이 북동향 굼부리를 가진 오름으로 굼부리를 오름의 '언청이'로 볼 수 있고, '성벽을 허물어 만든 통로'는 김종철의 『오름 나그네』를 보면, "북동향으로 벌어진 굼부리 안에는… 잡목이 우거져 있다. 기록에 따르면 화구의 북동부는 그 자취가 극히 희미하나 화구 안까지도 밖으로부터 새로운 용암으로 점유해 버려 결국, 산체가 쪼개져 그 형태를 유지하고 있다."라는 말은 필자의 의견을 뒷받침해 주고 있다.

이 오름은 허물어진 오름 북동쪽으로 길게 휴양림 주차장이 생겼고, 길게 띠를 이룬 숲이 그치면 남원~조천 간 남조로로 이어진다. 또한, 북서쪽으로는 작지 않은 평지가 초록의 잔디로 덮여 있다. 야영장으로 쓰이는 이곳은 국제야영대회를 개최할 만한 넓고 포근해 보이는 공간이다. 돌문화공원을 이웃하니 제주문화와 자연이 만나는 아름다운 곳이다. 김경종 해설사가 말하듯이 늡서리오롬도 빨리 탐방로가 정비되어 사랑받는 오롬으로 다시 태어나기를 바란다.

지난봄, 어린 노루가 무서운 줄 모르고 풀 뜯고, 오름을 감싼 곶자왈은 다양한 제주산 나무들인 천선과·예덕·산벚·산목련·산뽕·고로쇠·섬단풍·오줌때·나도밤나무… 속에 때죽나무는 하얀 별을 달았다. 숲에도 길에도 이제 별들이 떨어지는데 산딸나무는 수천의 나비 떼가 앉은 듯하다. 뻐꾸기·휘파람새·찌르레기가 울고, 제주 오색딱다구리는 크~낙 크~낙 하고 운다. 오랜만에 맹꽁이 소리를 듣는다. 늡서리 주변은 제주산 나무들이 빨리 회복된 것 같다. 덧나무는 붉은 열매를 맺었고 둘레길에는 하얀 찔레꽃 가운데 노래로만 듣던 붉은 찔레꽃을 본 것은 감격스러운 일이다.

궤벤이오롬

깊은 산 속 언덕 위의 세 형제 봉우리

제주시에서 서귀포로 나가는 동쪽 중턱에 궤벤이오롬 형제(큰궤벤이·샛궤벤이·섯궤벤이)들은 5·16도로상에 있으나 그 주소는 조천읍 교래리 산 137-1번지이다. 이형상 목사가 발행한 「탐라순력도」에서 이 오롬들은 추다악皺多岳으로 소개된다. 추皺(zhòu)는 '주름이 잡히다·쭈글쭈글하나', 多(duo)는 '많다·넓다·겹치다·포개지다'는 뜻으로 그 모양을 잘 표현한 것으로 보인다. 그러나 그 앞서 몽골어 궤ГYВЭЭ(언덕)+벤БАЙН(계속)의 합성어의 뜻과 동일한 것을 보면 몽골어의 제주어 표현으로 봐야 할 것이다.

궤벤이 세 오롬은 초보자들에게는 탐방이 쉽지 않은 오롬이다. 그것은 궤벤이 세 오롬의 탐방로 찾기가 어렵고, 자동차를 주차할 곳도 없기 때문이다. 입구를 잘 아는 사람과 동행하지 않는다면 입구 찾기조차 어렵다. 그러나 일단 입구를 찾으면 탐방이 어려운 것은 아니다. 5·16도로 성판악 휴게소에서 표고밭 입구까지는 300m가 넘는다. 성판악 휴게소 입구에 주차하고 제주시 방향으로 걷다 보면 궤벤이오롬으로 나가는 탐방로 입구가 있다. 오른쪽 숲 사이에 숨어 있으니 잘 찾아보아야 한다. 빈틈이 보이고 동쪽으로 나가는 소로가 보이면 그곳이 입구이다.

일반적으로 궤벤이오롬은 큰궤벤이오롬·샛궤벤이오롬·섯궤벤이오롬을 같이 트래킹하는 경우가 대부분이다. 궤벤이 세 오롬의 탐방을 시작하는 표고밭 마당에서 보면 왼쪽에서는 큰궤벤이-샛궤벤이-섯궤벤이 순으로 탐방하거나 그 반대로 오른쪽에 있는 섯궤벤이에서 탐방을 시작할

5·16도로에서 들어가는 숲길

표고밭 마당에서 본 큰괘벤이

수도 있다. 왜냐하면, 새 오름은 한눈에 보일 만큼 가까운 곳에 있기 때문이다. 5·16도로에서 표고밭 입구, 표고밭 마당에서 왼쪽으로 나가는 표고밭 마당으로 나가는 길은 오른쪽으로 넙거리오름 자락을 따라간다고 보면 된다. 표고밭 마당에 이르러 앞으로 바라보면 궤벤이 세 봉우리가 보인다.

서남쪽으로 또 하나의 봉우리가 겹쳐 보이는데 그것은 믈오름(물오름으로 잘못 알려진 곳)이다. 그리고 뒤쪽이 넙거리오름이다. 믈오름은 서귀포시 남원읍 한남리에 속하므로 이곳을 경계로 하여 제주시와 서귀포시의 경계를 이루는 곳이고 성판악휴게소도 서귀포시 지역에 있다. 섯궤벤이로 나가는 길은 표고밭 마당을 지남과 동시에 무릎 위로 올라오는 산죽을 헤치고 나아가야 한다. 조금 더 나가면 우거진 산죽

중에 우뚝우뚝 솟은 서어나무 숲에 이른다. 그리고 그 서어나무 숲 우측 끝에는 표고밭이 있다. 한라산 중턱의 이곳 표고밭 표고목은 한반도 육지부의 표고목인 참나무·밤나무·도토리·상수리나무가 아니고 서어나무라는 것이다.

표고밭 철조망을 따라가는 길은 성판악부터 흐르던 물이 커져서 큰 바윗돌을 굴려 놓았다. 궁둥이로 미끄러지듯 쓸며 언덕진 곳을 내려간다. 바윗덩이를 피하며 개천을 지나도 쉽지 않다. 탐방로가 따로 없어 탐방의 맛이 있다. 오월을 맞는 한라산 깊은 산골에 피어나는 주홍빛 참꽃나무(진달래와 다름) 꽃이 곱다. 참꽃나무 꽃 피는 골짝을 지나면 개울을 건너 서어나무와 산죽이 우거진 것과 달리 산죽은 섞어지고 발목 아래 풀밭 곳곳에는 곰취가 군락을 이루고 띄엄띄엄 제주산 나무들이 군락을 이룬다. 필자는 이웃 사람들이 독초인 동이나물을 곰취로 잘못 알고 먹었다가 병원에 실려 가는 위험한 일을 본 적도 있다.

박새는 백합화의 독초로 산나물(산마늘)과 혼동할 수도 있는 독초이기에 조심해야 한다. 한참 동안 산죽과 박새 군락이 우거진 비탈을 타고 오르면 정상에 이른다. 섯궤벤오롬 굼부리는 큰궤벤이, 샛궤벤이오롬과 같이 원형 굼부리를 이루고 있다. 정상에 서니 동쪽으로는 큰궤벤이·샛궤벤이가 보이고 북쪽으로는 넙거리오롬, 남쪽으로는 몰오롬이 보인다. 푸른 물결이 넘실거리는 섯궤벤이는 푸른 숲들이 여름으로 달리는 한라산 깊은 곳의 오롬이다.

돔베오롬

젯상에 잔盞, 툼TΘMΠΘH을 올린 것

원형 굼부리가 열려 말굽 굼부리로 변하는 작고 고운 오롬인 돔베오롬은 제주시 조천읍 교래리 사거리에서 보이며 비자림로 상에 있다. 교래리 산64번지(비자림로 522)의 돔베오롬의 면적은 117,259㎡, 둘레는 1,275m이고 해발은 466m이다. 그러나 돔베오롬의 비고는 고작 36m 밖에 안 되는 낮지만 곱고 야무진 오롬이다. 필자는 비자림로를 여러 차

돔베오롬 동쪽(가나안기도원 입구)에서 본 편편한 돔베(도마)오롬

례 오가며 늘 지나던 곳인 돔베오름을 탐사하게 된 것은 최근이다.

돔베오름은 『탐라순력도』, 『탐라지도병서』에 '궤악机岳'으로 쓰였는데 한자어 궤악机岳의 '궤'는 책상 궤机 자로 발이 넷 달린 책상을 뜻한다. 또한 『제주군읍지』, 「제주지도」에는 조악俎岳으로 나타나는데 조악俎岳의 조는 도마 조俎로 쓰였다. 이는 도마·적대·제향 때 희생 도구를 얹어 놓는 높은 대臺(상床)를 의미한다. 『조선지지자료』에 돔베오름은 그 모습이 '돔베(도마)' 같은 데서 유래하였다는데 제주어 돔베는 한국어 '도마'이다. 그런데 돔베는 동배악東背岳에서 유래하였다는 말도 있다. 여기서 배背는 등뒤(배背)쪽을 말하나 몽골어에 툼TΘMΠΘH이라는 말이 있는데, 이 말은 대야·잔盃(배杯)을 뜻한다.

제주인들이 사용하는 언어 중에는 외국어+해석된 한국어가 많다. 이는 언어의 사대주의적 현상인데 예로서 제주 빙떡은 한자어 빙+떡, 빵떡은 포르투갈어 빵+떡, 모찌떡은 일본어 모찌+떡으로 쓰인 것처럼 툼TΘMΠΘH 역시 몽골어 툼TΘMΠΘH+한국어 배도 그런 경우다. 돔베오름 굼부리는 둥그렇게 파인 잔(주배酒杯·주잔酒盞)이나 대야와 같다. 또한, 동쪽의 교래마을→남조로→가나안기도원에서 보면 돔베(도마)를 닮았다. 제주도의 옛날 도마는 4개의 발이 달렸다. 한자로 궤악机岳의 궤(책상冊床) 역시 4개의 발이 달렸다. 동배악東背岳은 동쪽 배후背後에서 보면 제(상)과 닮았는데 그 뒤는 마치 제향상에 술잔을 올린 것 같다는 해석된 말이다.

옛날 몽골에는 각배라는 뿔로 만든 술잔이 있었다. 대부분의 각배角杯는 그릇 받침과 함께 상에 올려진다. 우각형배牛角形杯라는 게 있는데 이는 소뿔 형태의 술잔으로 '각배'라 한다. 각배는 소뿔로 만들어진 술잔이다. 그러나 각배 자체에 다리가 붙어 있는 경우는 없어 토기로 만들어지며 네 개의 발이 생겼다. 돔베오름의 뜻은 몽골어 툼TΘMΠΘH(다리가 네 개 달린 제상)+배杯(잔/주배酒杯)이다. 700년 전, 몽골 이민자들은 백중날에는 이 돔베오름 굼부리에 모여서 가축과 테우리(牧子)들을 위해서 축제를 즐

돔베오롬 서쪽(연학목장)에서

겼을 것이다. 이제껏 원형 굼부리로 분류되나 이미 내려앉았다. 돔베오롬은 측(기생)화산으로 한라산 분화구에 생기는 작은 화산으로 기저에 있는 마그마가 약한 지반을 뚫고 나와 분출되며 이 오롬도 생겼을 것이다.

돔베오롬 굼부리는 황새풀(제주 초가를 덮는 띠풀)들이 말끔히 베여 꽤 넓어 보인다. 그래서 우리는 지난봄에 이 굼부리에서 많은 고사리를 꺾었다. 굼부리를 한 바퀴 돌아보니 모두 여산 송씨, 또는 그 부인들 묘지다. 제주도 인구가 3만 명일 때 몽골(원나라)의 2,000여 명(16개 성씨)이 제주로 이민 와서 살게 된다. 송씨도 그 16개 성씨 중 하나로 교래리를 중심으로 목축하던 목호들이었다. 이 오름 서남쪽에는 소나무들이고 동북쪽 사면에는 자연림이 울창하다. 특히 낙엽수들 중에는 담팔수·물푸레·비목·졸참·예덕·서어나무·참개암나무·굴거리나무들도 보인다. 특이한 것은 솔비나무들이 꽤 보인다. 솔비나무는 섬유질이 많아서 불을 땔 때 불쏘시개로 쓰이던 나무다. 그 아래로는 관목인 사람주나무와 꽤꽝나무들이 뒤엉켜서 자란다.

이른 봄을 깨우는 것은 생강나무들이다. 그리고 오름 주변에는 올벚·산벚나무들이 조랑조랑 열리며 피어난다. 지난봄, 비자림로를 지날 때 하얀 꽃이 고와서 차를 멈추었다. "산기슭에 웬 꽃인가?" 살펴보니 팥배나무 꽃이다. 팥배나무 화사한 꽃이 지는 늦은 봄이면 때죽나무 꽃으로 돔베오름은 또다시 화려해질 것이다.

멀오롬

몽골어 발자국MΘp 뜻인 물 없는 오롬

성널오롬 맞은편, 국립공원 내에 있어서 갈 수 없는 ᄆᆞᆯ오롬은 60여 년 만의 폭설로 통제되었다. 5·16도로변, 탐라대학에 주차하고 서귀포행 시외버스를 타고 성판악 주차장에 이르니 경찰들이 지키고 있는데 제설차가 밀고 쌓아 놓은 눈들이 또 다른 눈산을 만들어 3m 이상 쌓아 놓았다. 그러나 아쉽게도 연이틀 동안 높아진 온도는 마른 나뭇가지에 피었던 눈꽃이 눈물 되어 도로를 적시고 있었다.

성널오롬을 찾는 사람들이나 5·16도로를 오가는 사람들도 성널오롬으로만 눈을 돌리고 그 너머 한라산 정상만 바라본다. 줄지어 선 차량들을 피해서 건너편 물오롬은 보지 못하고 지나치게 된다. 눈에는 보이나 유령처럼 지나쳐 버린다. 그러나 그것은 ᄆᆞᆯ오롬의 잘못이 아니다.

남원읍 한남리 산2-3번지에 소재한 멀오롬(ᄆᆞᆯ오롬)은 해발 838.6m·비고 114m·둘레 2,494m·면적 364,856㎡, 남동향으로 열린 굼부리가 있는 어엿한 제주오롬 중 하나이다. 멀오롬(ᄆᆞᆯ오롬)은 성판악주차장 맞은편에서 쉽게 갈 수 있었으나 한라산국립공원에 속한 46개 오롬으로 탐방이 금지된 오롬이다. 게다가 정상에 제주항공무선표지국까지 있기에 더욱 통제된 오롬이다.

남원읍에는 꼭 같은 이름의 두 오롬이 있다. 그중 하나는 하례리 산10번지에 있는 '물오롬水岳'이라는 동명의 오롬이다. 하례리의 수악은 말 그대로 물이 있고, 왕벚나무의 자생지이기도 하다. 그러나 이 오롬을 왜 'ᄆᆞᆯ오롬'이라고 불렀을까? '산정호수의 한쪽이 무너져 말굽 형태가 된

5·16도로상에서 본 멀오름

멀오름에서 본 성널오름과 한라산

거'라는 설과 '몽골식 지명이라는 설'이 있다. 필자가 몽골어 사전 검색한 결과 'ᄆᆞᆯ오름'은 몽골어가 확실하나 몽골 사람들이 제주로 오기 전의 기록은 찾을 수 없다.

몽골에서는 몸집이 큰 가축의 발자국을 ᄆᆞ러MΘp라고 한다. 말굽형 분화구가 마치 큰 동물의 발자국이 찍힌 것 같아서 몽골인들이 ᄆᆞᆯ오름이라 부르던 것이 물오름으로 변형된 것으로 유추된다. 'ᄆᆞᆯ'은 몽골어 '발자국'이나 제주어는 '솟는 물·고인 물·마시는 물'로 오해하니 마땅히 물이 있을 줄 알고 오해했던 것이다.

2021년 겨울, ᄆᆞᆯ오름으로 향하는 오름 기슭에는 1m 넘는 눈이 쌓였다. ᄆᆞᆯ오름 가는 길은 제주항공무선표지국으로 가는 길이라 포장이 잘 되어 수월하여도 길은 오르고 나니 오금이 뻣뻣하다. 비탈에는 낙엽수들이 대세이고, 때죽나무·고로쇠나무·산딸나무·서어나무들 사이에 가끔 산벚나무도 보인다. 그 사이사이에는 푸른 잎 비자나무와 굴거리 나무들과 낙엽수인 작살나무·가막살·털진달래 속에 조릿대들이 파랗게 질렸다. 한 굽이 돌아서는 지점에 철탑이 보인다. 바로 눈앞에는 남쪽 서귀포 시내가 운무에 싸여 바다까지 보인다. 마침, 위에서부터 내려오던 직원인 듯 싶은 사람이 "선생님, 더 위로는 올라갈 수 없습니다."라고 하여 내려올 수밖에 없었다. 하산하는 길 좌측으로 보이는 큰 오름이 성널오름이다. 바로 옆으로 자락을 맞대고 있는 한라산 위쪽은 흰 눈이 빛나는데 그 위로는 밝은 푸른빛 하늘이다.

물오름은 괴팽이(제주어)→믈오롬(몽골어)→수산봉水山峰(한자어)→수악水岳으로 변화를 겪었다. 마치 영자-아끼꼬-쏘냐처럼 서러운 세월을 보내었다. 인터넷을 검색해 보니 4·3유적지인 믈(괴팽이)오롬을 어떤 대학 졸업자들이 동기회로 산행을 했다는 기록도 있었다. 그러고 보면 아주 갈 수 없는 휴전선 너머의 오름은 아닌 듯하다. 물오름, 분홍빛 털진달래가 피고 핑크빛 철쭉꽃이 피는 어느 봄날 다시 찾을 수 있기를 기대하며 하산한다.

한라산에 있는 오름 중에 46개 오름은 한라산국립공원 속에 꽁꽁 묶여 있다. 육지부의 국립공원들과 다른 모습이다. 앞으로는 서너 개 그룹으로 나누어서 일정 기간, 또는 일정한 모임에는 '책임보호제'를 실시하며 점차적으로 개방을 유도하는 것이 바람직하다고 본다. "이제는 한라산 중의 오름들도 세상에 열어 보여줄 때가 되지 않았을까?"

남송이오름

곶자왈에 둘러싸인 솔ㄷㅛㄲ(소래기) 오롬

지금까지 남송이오름으로 불려 온 이 오름은 안덕면 서광리 산31번지에 있으며 해발 339m, 비고 139m이다. 안덕면에서는 굴오롬(산방산 345m)·굴메(군산 280m) 다음으로 세 번째 높으며 녹차밭에 둘러싸여 있다. 오롬 입구에서 오른쪽으로 야자매트가 깔린 탐방로는 수풀이 우서졌고 엊그제 싼 소똥들도 보인다. 이것은 그만큼 이 오롬을 찾는 이가 적다는 것이며, 또 다른 말로는 그야말로 오롬 생태가 건강하다는 것이다.

제주관광은 제주의 자연과 동식물과 사람들이 어우러져 살아가는 환경의 중요성을 몸으로 체험하는 관광이 돼야 할 것이다. 이런 관점에서 제주오롬도 새롭게 조명할 필요가 있다. 관광지를 점찍는 관광에서 전체를 선으로 잇는 올레 관광이 제주의 겉핥기라면 제주의 내면을 보는 관광의 중심에 오롬이 있다. 오롬에 올라 산야를 보아야 제주의 진면목(眞面目:본래 그대로의 모습)을 제대로 볼 수 있다.

탐방로에는 몰쿠시낭(멀구슬나무)이 보랏빛 꽃을 피우고, 산딸기·멍석딸기가 종종 보이는 탐방로에 꽤 큰 밤나무들이 보인다. 육지 산에서는 흔하나 제주에서는 많지 않다. 정상에 오르면 남쪽의 굴오롬(산방산)·절워리(송악산)·모슬오롬이 보이나 남서쪽 가파도와 마라도는 운무로 보이지 않는다. 그러나 광챙이오름 기지국 안테나가 보이고 동북쪽으로는 도너리·당오롬·정물오롬이 보이고 북쪽의 리조트들은 유럽 마을들처럼 평화롭게 보인다.

제주오롬 해송들은 60년대에 식재된 것이리라. 어떤 이들은 이 오롬에

남쪽에서 본 남송이오름

소나무가 많아서 남송악南松岳이라고 하나 전혀 근거 없다. 또한, 소앵이풀(엉겅퀴)·소앵이낭(호랑가시나무)에서 온 말이라고 하나 호랑가시나무는 한 그루도 없으며 소앵이(엉겅퀴)는 제주 모든 산에 아주 흔한 풀이다. 그러므로 소앵이가 이 오름 명칭에 근거가 된다는 말은 전혀 근거 없다.

이 오름을 소로기(한국어 솔개, 제주서부 사투리, 제주동부는 소래기)라 불렀고 솔개가 날개 편 모습이라고 말하나 전혀 근거 없는 말이다. 조선 말기인 19세기 중엽, 1843(헌종 9)년 6월까지 재임한 제주목사 이원조는 여러 책을 저술하였는데, 그중에 제주의 산천을 기록한 그의 책 『탐라지초본』에

'남송이오름'은 등재되지 않았다. 이 오름은 아직까지 동내에서는 소래기오름이고 불린다. 그러나 어원은 연구한 결과 몽골어이다.

남송이오름의 송은 몽골어 솔СУЛ에서 나온 말이다. 솔СУЛ은 형용사로 '묶지 않은·잠그지 않은·풀려 있는·열려 있는·빈·꼼꼼하지 않은·임자가 없는(땅)'이란 뜻이다. 몽골인들은 한라산에서 해변 마을 사이 중산간을 빈 땅(임자 없는 땅)으로 봤다. 솔오름부터 열린 초원의 끝을 광챙이까지로 보았다. 그래서 중산간을 불태워 ᄆᆞ쉬(한국어:牛馬)를 키우는 조지로 삼았다. 몽골어 솔СУЛ 오름은 그래서 솔松, 소앵이, 소래기(솔개)가 아니다.

남송이오름은 제주 남서쪽 대정현에 있는데, 꼭 같은 이름의 솔오름이 동남쪽 정의현, 지금의 서귀포시 동홍동 산7번지에 있다. 그래서 두 오름을 분별하기 위해서 다른 이름이 필요했다. 이처럼 몽골인들이 말하던 솔을 솔(소나무) 또는, 살(피부), 쌀로 잘못 해석하였다. 그 뜻은 모두 틀렸기에 바로잡는 것이다. 또한 서귀포에도 솔오름이 있어서 안덕면의 솔오름은 곶자왈 속의 남쪽에 있다고 남송이라고 불렀다. 솔오름 곶자왈지역이 변하여 녹차밭이 되었으니 그야말로 상전벽해桑田碧海인 셈이다.

영통메靈通岳

몽골어 '넨нэн+툼펜тҮмпэн'의 합성어

제주시 동쪽에서 애조대로를 타고 가노라면 연동의 연속되는 동글동글한 쌍둥이 오름들을 보게 된다. 남짓은오름-광이오름-염통메로 이어지는 오름들이 포근하고 정겹다. 영통메(靈通岳·상여오름)는 연속되는 오름 군락의 마지막 서쪽 끝인 연동 1026-3번지에 있다. 해발 245m, 비고 60m, 둘레 1,496m, 면적 162,799㎡로 세 자매 오름 중 막내로 높이·둘레·면적 그 어느 것이나 작고 낮은 언덕 같다. 연동 세 자매 오름 중에 광이오름은 '한라수목원'으로 개발되면서 제주에서 가장 곱게 치장한 공주

왼쪽부터 영통메, 광이, 남짓은, 봉개 민오름

님 같다. 또한, 남짓은오름은 광이오름에서 탐방로가 있어서 갈 수 있으나 군지역사령부가 있어서 자유롭지 않다.

제주오름을 처음 기록한 이원조 목사가 1841년부터 2년간 재임 시에 저술한 『탐라지초본』에 남조순오름·광이오름은 기록에 없고 유독 제일 작고 낮은 '염통메'만 『탐라지초본』에 기록한 것은 이해가 되지 않는다. 『탐라지초본』에서는 염통메를 영통악靈通岳으로 등재하였다. 조선시대 염통악으로 쓰인 한자어 영통은 감초甘草를 달리 이르는 말이라 하나 확인하기 어렵다. 한국어에서 '염통'은 심장心臟을 뜻한다. 김종철은 이 오름이 상여 형국의 지세라 하여서 상여(생이)오름이라 하는데 그것은 광이오름을 갈라진 간(肝列岳)의 모습으로 보고 그 옆에 붙어 있으니 염통(악)으로 본 것이다.

이 오름을 영통靈通이라 쓴 것이 와전되어 '염통'이라 했거나 그 반대일 수도 있다. 어떻든 영통이란 음차音借인데 무엇의 음차인가 확인하기 어렵다. 필자의 견해는 몽골어 '넨нэн+툼펜тҮмпэн'의 합성어로 보인다. 이때 '넨(렌)'은 대단히·몹시·한결·더욱 등의 뜻이며, '툼펜тҮмпэн'은 '통'이란 뜻으로 '~을 한결같이 받는 곳'이란 뜻이다. 몽골어에서 염통(심장·흉곽·가슴·마음)은 주르헨зҮрх(эн)·엄로ОМРУУ·어버르ӨВӨР·헨흐덕ХЭНХДЭГ·세트겔СЭТГЭЛ 등으로 쓰였다. 영통메의 어원은 '넨툼펜'으로 보인다. 그 이유는 남서쪽 오름 동쪽 구릉지대를 '방실리房室里(사람이 거주하기 좋은 곳)로 불려서 렌툼펜→렌통페→영통메로 와전된 것으

동쪽에서 본 굼부리

로 보인다. 그래서 『탐라지초본』에서도 영통악으로 실렸을 것이다.

이 오름을 염통악念通岳이라 불린 것은 한자로도 그 뜻을 살리려 했던 것으로 보인다. 염念 niàn은 생각하다·외다·무엇을 하려는 생각으로, 통通(tōng,tǒng)은 '통하다·꿰뚫다·두루 미치다·걷다·보급되다·탈 없이 통하다·환히 비치다·오가다·왕래하다'라는 의미다. 이런 의미에서 염통메는 몽골에서 이민 온 강씨들의 주거지가 되었을 것이다. 염통메는 바람을 막아주고 따뜻한 햇살이 환히 비치는 거주지요, 목양지(草原)를 오가는(왕래하는) 좋은 거주지요, 마치 병참기지와 같은 곳이 되었다. 제주는 바람의 섬이요, 몽골은 바람의 땅이다. 말(馬)을 목양하는 데 몽골 초원과 제주 초원은 많이 닮았다. 염통메는 서풍西風을 피하고 북쪽으로는 광이오름, 남쪽으로는 따뜻한 햇볕을 받으니 '방실리'는 '넨툼펜으로 오목한 통'처럼 목자들이 거주하기에는 최적의 장소가 되었을 것이다.

진주 강씨 염통악파 묘역에는 진주 강씨 제주 입도조에 관한 기록을 서술하는데, 묘역을 끼고 왼쪽으로 돌면 곰솔들이 줄지어 선 숲길이다. 이

영통메 정상

너삼 흰꽃(작게)

곳이 진주 강씨 염통악파는 700년 전 몽골에서 이민 온 15개 성씨 중 하나로 이민 후 연동 일대에 정착했을 것이다. 그러나 600년 전 '목호의 난' 때 본을 진주로 하여서 난을 피했을 것이다. 담쟁이·송악줄이 곰솔을 감싸는 애조로 인근, 도로변에는 먹구슬나무·관중·고사리·인진쑥·아웨(아외)나무·사스레피·산목련·덧낭·서어나무·곰솔이 보인다. 곰솔과 편백나무 숲길을 오른다. 원추형 오름은 너삼이 가득 찬 벌판이다. 제주오름에서 이만큼 너삼이 많은 곳은 처음이다. 남쪽 하늘은 흐릿한데 북동쪽은 사라봉, 북서쪽은 도두오름과 제주공항 너머로 운무가 피어오르는 장마철 여름 저녁이다.

고이오름

고이ᄀᆞ이ᄅᆢ는 몽골어 '곱다·예쁘다'는 뜻

남원읍 위미리-한남리 중산간 초원에 솔박같이 고운 고이오름이 있다. 남원읍 한남리 산16번지에 있는 오름의 높이는 해발 302m, 비고 52m이다. 행정구역상 한남리지만 실제로는 위미리 대성동이다. 서남쪽 ᄌᆞ배(자배)오름 자락에서 보면 동서로 다소 길어 마치 제주 사람들이 곡물을 담을 때 쓰는 솔박을 닮았다.

50년 전, 친구 조부의 장지로 가기 위해 자배오름 자락을 지나는데 솔박인 듯 럭비공을 길게 자른 듯한 모습을 보며 들판을 걸었다. 이번에는 반대로 농로를 따라 동북쪽으로 가는데 입추를 맞아도 폭염은 여전하다. 둘레길을 따라가는 소나무 숲길에 담팔수·비목·붉나무·두릅·산뽕·푸조나무·세비나무들 속에 키 큰 굴피나무도 보인다. 푸른 잎 사스레피·새덕이도 보이는 숲길을 조금 더 가니 고사리 들판이다. 뒤늦게 보랏빛 엉겅퀴가 조금 보인다. 그 흔한 개망초·개민들레도 보이지 않는 그 길 끝에 오름은 팬스와 철조망에 갇혀 있었다.

675년 전, 삼별초 김통정 장군은 여몽연합군 김방경 장군에게 패한 뒤 제주는 몽골 치하에 속하며 성산포로 말과 각종 짐승을 가져온다. 1350년, 충렬왕 26년, 기왕후가 가져온 목축은 정의현 수산평에 방목했다고 한다. 김종철은 『오름 나그네』에서 고이오름은 "마치 길게 누운 짐승의 등줄기를 보는 듯하다", 또는 "고양이가 살았다", "고양이를 닮았다"고

서쪽에서 본 고이오름

했는데, 고이는 고양이의 옛말, 고양이의 방언이라고 『제주의 오름』이나 다른 책에도 말하나 필자의 조사로는 모두 아니었다. 이는 제주도 목축문화와 몽골과의 관계를 몰라서 하는 말이다. 호랑이나 곰이라면 모를까 제주오름 어디에도 고양이가 있다.

삼별초 패망 후, 제주는 몽골 치하에서 일본 정벌 기지가 된다. 몽골은 이후 여러 목축을 가져올 때 목양견도 가지고 왔는데 이 개가 꿩·오소리 사냥에 특화된 제주개이며 2차대전 때 독일로 가져가서 개량한 세퍼드이다. 정의현 수산진 수산리 왕메는 몽골목마총관부장(다루치)이 파견되었는데 그가 제주 좌씨 선조인 좌형소이며, 그 아들 좌자이가 둔지로 받은 곳이 괴리(한동리)이다. 한동에 살던 좌씨들은 한경면 용수리 지경으로 옮

겨가서 한동에는 한 가정도 남지 않았다. 그러나 지금도 한동리에는 좌가장(좌씨 목장)이란 지명이 유래한다.

몽골은 제주에 10개 마장을 운영했는데, 고이오름인 9마장, 남원지경인 셈이다. 몽골이 제주도를 불태울 때 고이오름 일대도 불태웠으나 주배오름은 구실잣밤나무가 밀림을 이루고 있어서 일본 정벌을 위한 조선용 목재로 보존하고 나머지 오름들을 모두 불태워 민오름이 되었다. 고이오름의 '고이'는 고양이가 아니다. 몽골어 '고이ГОЁ'로 '예쁜·멋진·미려한·아름다운'이란 형용사이다. 세항САЙХА이란 말도 쓰지 않았다. 몽영사전에도 'nice·beautiful·handsome·pretty·fine'이란 표현 역시 한국어의 뜻과 같다.

몽골 이민자들은 고이오름을 바라보니 불태워진 초지는 푸르고 부는 바람에 비단결같이 날리는데 나지막한 오름을 보니 마치 솔박을 엎어 놓은 것같이 예뻐서 고이오름이라 불렸을 것이다. 필자가 50년 전에 보던 모습과도 다르지 않아 보인다. 귀갓길에 나지막한 돌담이 보인다. 아마도 마장을 남북으로 나누는 잣성 중에 중잣성으로 보인다.

팬스·철조망에 길이 막혀 물어보려고 간 곳이 '편백체험관'이다. 그런데 "표를 끊으라"한다(제주도민 7천원). 오름이 자기들 것인가? ATV(사륜 오토바이) 체험은 돈이 되지만 오름 산책은 돈이 안 되니 시설도 소개도 없다. 오름도 편백나무도 저들이 심은 게 아닐진대 누가 팔아먹은 것인가? 제주 사람도 돈 주고 가는 세상을 선조들은 뭐라 하실까?

안친오름

매끈하게 고운 오름은 몽골어 사냥꾼인 안친AHЧИН이다

제주 중산간 송당리에 작고 요망진(야무진) 오름이 있다. 가을이면 서남쪽 언덕에 스크렁이 물결치고 만추에는 황새풀이 춤을 춘다. 동북쪽으로 개간된 언덕에는 보드라운 목초가 푸른 비단처럼 미끈하다. 안친오름은 일주동로 구좌읍 평대리에서 한라산 제1횡단도로까지 이어주는 비사림로 변 송당리 초입에 숨어 있어 좀처럼 들어내지 않는다.

반대로, 알(아래)송당에서는 로터리를 돌아서 평대리로 나오는 길에서 1백 미터쯤 되돌아오는 길에 안친오름이 있다. 송당리 808, 812번지에 있는 이 작고 고운 오름은 낮은 언덕과 얕은 구렁으로 이뤄진 미개방 사유지다. 송당 마을에서는 마을 소들이 들판으로 나가고 들어오기 전후에

흰눈이 내린 안친오름 북쪽

스크렁이 물결치는 안친오름 남동쪽

보랏빛 꽃이 핀 안친오롬 서쪽 굼부리

쉬어가기 좋은 동네 안 오롬이다. 안친오롬 서북쪽 푸른 목초는 봄바람이 불면 푸른 치맛자락같이 나부낀다. 서남쪽으로는 야생 무꽃이 보랏빛 블라우스처럼 한들거린다. 늦가을, 목초 베인 오롬은 누런 벌판이다.

그 돌담을 따라가노라면 수줍은 비바리 몸매를 보는 듯 아련하다. 삼사 년 전에는 피(곡식)가 허리까지 차올랐다. 서남쪽 돌담 끝을 돌아가면 키 큰 후박나무·참식나무·팽나무 사이로 몰쿠시(고령근)·천선과·팔손이 등이 촘촘히 자란다. 안친오롬은 해발 192m, 비고 22m, 둘레 924m로 1km 채 안 되는 작은 언덕이다. 밭담이 둘렸고 주차장도 없으니 오롬을 찾기 어렵다. 그렇지만 이 오롬도 어엿하게 스코리아 화산 분석구를 가진 말굽형 오롬이다.

필자는 '안친오롬'을 순수한 제주어로 알았다. '아진'이 '앉아 있다'라는 수동사라면 '안친'은 '앉혀놓았다'라는 타동사로 알았다. 이 오롬은 북향으로 열린 굼부리를 가졌다. 마치 다리를 벌리고 앉은 모습 같아 의문의 여지가 없어 보였다. 어쩌면 반대로 제주어를 몽골인들이 음차했을 수도 있어 보였다. 그러나 놀랍게도 몽골어 명사 '안친АНЧИН'은 '사냥꾼(포수砲手)'이라는 말로 이 말은 사전적으로는 '총으로 짐승을 잡는 사냥꾼', '포병대에서 대포를 직접 발사하는 병사, 총포를 가진 군사(총군銃軍)'를 말한다.

한자로 아친악雅親岳의 '아雅는 이쁘다·우아하다', '친親은 친하다·가깝다'는 뜻이다. 아친악雅親岳은 제주어 '아진오롬·안친오롬'의 음차이고 '좌악坐岳·좌치악坐雉岳'은 한어漢語로 '앉았다'의 '앉을 좌坐' 자로 쓰였다. 안친오롬은 두 다리 벌리고 편안히 앉아 있는 처자의 둥그런 뒤태(방댕이)를 닮아서 봉우리라 할 만한 곳도 없다. 산촌에 눈이 쌓이면 눈썰매장으로 쓰기에 딱 좋아 보이는 곳이다.

안친오롬 가을은 스크렁 천지다. 스크렁은 볏과 식물로 30~80cm로 자라고 8~10월에 흑자색 씨가 달리는데 '결초보은結草報恩'이란 꽃말이 있다. 진晉나라 왕 위무자가 병들자 아들(위과)에게 "내 사후에 후처(위과의 서모)를 개가시켜 순장殉葬를 면케 하라"고 유언하나 병세가 악화하자 "후처를 순장하라"고 한다. 그러나 위과는 부친 사후 서모를 개가시킨다. 그 후 진환공秦桓公이 진晉나라를 공격할 때 노인은 적군의 앞길에 풀을 잡아매어 적장이 탄 말이 넘어지게 하여 승리한다. 그날 밤 위과의 꿈에 한 노인이 나타나 자신이 바로 재가시킨 서모의 애비로, 딸을 구해 준 은혜를 갚으려 했다고 한다(Daum 백과 고사성어대사전).

뜨겁던 태양의 열기가 빠지고 산들바람이 불면 안친오롬 언덕은 가을의 향연이다. 안친오롬은 붉은 잎 노란 잎도 없고 다만 스크렁과 흰색 황새풀뿐이다. 안친오롬에는 숲도 덤불도 골도 돌도 바위도 없으니 더할 나위 없는 사냥터요, 포수들의 땅이다. 안친오롬은 몽골시대나 지금도 몬뜨그락하고, 빤들빤들한 대머리 민오롬뿐이다. 그래서 국제사냥대회가 열리는 것도 이처럼 사방이 확 트였으니, 최고의 사냥터도 되지만 더 없는 포토존이요, 볼만한 곳이다.

큰왕메

몽골 총관부장이 상주하던 말목장의 중심지

성산읍 수산리의 큰왕메는 해발 157.6m, 비고 83m에 지나지 않는다. 또한 족은왕메는 비고 28m밖에 되지 않으니 작은 언덕 같다. 조선 후기 헌종 7년, 1841~1843년까지 제주목사로 부임했던 이원조李源祚가 쓴 『탐라지초본』 '산천山川' 조에 오름이 등재되었는데 '왕메'는 나타나지 않았다. 큰왕메는 수산리 1431번지 일대이고, 족은왕메는 성산읍 시흥리 2160번지에 있다. 큰왕메는 북서쪽으로 열린 말굽형이며, 족은왕메는 서쪽으로 열린 말굽형 오름이다.

큰왕메는 시멘트 농로를 따라가면 비자나무·동백나무가 보인다. 좁은 길을 따라가면 붉은 잎 아웨나무와 예덕나무·황금빛 참식나무·푸른 열매를 맺는 천선과 등의 제주산 나무들이 가득하다. 오름 맞은편 들판에는 송씨·신천강씨·군위오씨·평택임씨 등의 가족 묘지들이 보인다. 이중 강·오·송씨 등은 700년 전에 몽골에서 제주로 이민 온 15개 성씨 중 하나다. 움 돋는 나무, 가족묘를 보며 가다 보니 오름 아래쪽은 소나무들이고 정상 부근에는 제주산 나무들이다. 오토바이 굉음이 들려 보았더니 기계톱으로 산불감시 초소 앞의 잡목들을 자르고 있었다. "삼촌(아저씨)들! 기왕 자르는데 좀 더 산뜻하게 쳐줍서 예!"

제주산 나무들은 잘리고 날라 온 소나무들은 멀쩡하다니… 굴러온 돌이 박힌 돌 뺀다더니 본 지방 나무들은 잘리고 외지산 나무들은 대접받는 것이 제주인의 현실을 보는 듯하다. 정상 둘레길에는 후박·머귀·사스레피·구럼비·보리수들이다. 재스민 향기가 은은하다 했더니 꽤꽝나무 꽃

서남쪽에서 본 메밀꽃 핀 왕메

향기다. 반도(육지)에 있으니 가마귀쥐똥인가? 육지에서는 까만 열매를 본 것이고 제주에서는 꽃향기를 맡고 이름 지은 것이다. 정상을 벗어나 오름 둘레길을 도는데 숲이 우거져 보이지 않는다. 언뜻 보이는 굼부리도, 주위의 전망도 봄 안개가 뿌옇다.

오름 왼쪽으로는 둘레길이 있고 농지들은 늦게 씨를 뿌리려 밭을 갈아 놓았는데 다른 곳과 달리 붉은 모래참흙이 참 좋아 보인다. 그러나 넓은 땅에 농사지을 사람은 적으니 아직도 황무지와 잡풀 우거진 곳들이 많다. 곶자왈도 아닌데… 오른쪽으로 오름을 내려와 보니 온통 묘지들이 꽉 차 있고 둘레길은 없다.

길도 없이 막힌 묘지를 차를 타고 다닐 수는 없는데 왜 이렇게 기를 쓰고 이 오름으로 몰려들까? 이 산줄기에 임금(王 字)이 있어서 '대왕산'이라 했다는 것이다. 왕의 다리 아래라도 조상 묘를 써서 자손의 번영을 바라는 자손들의 바람일까? 지관의 눈에 보이는데 우리 눈에는 보이지 않는 것일까? 아무리 둘러봐도 '왕王 자字'라는 글자 모습은 없었다.

700년 전 김방경 장군의 여몽연합군이 김통정 장군의 삼별초군을 무찌른 후 제주는 70여 년간 몽골 치하에 놓였었다. 이때 '다루가치(목마총관부장)'가 마장을 운영하게 된다. 몽골은 10개 마장과 우도·녹산장·상장·침장과 대정현 모동장을 합쳐서 15개로 나누었다. 77개 오름을 등재하면서도 왕메는 등재되지 않았다. 아마도 조선조는 명나라와 화친하며 원나라(몽골)의 잔재를 없애려고 의도적으로 이 오름을 누락시킨 것이 아닌지 의문이 든다.

오름 북쪽은 소왕산, 남쪽은 '왕자동'인데 "이 근처 어디에 왕자동이 있느냐?" 물어봐도 이 동네에서 낳고 자랐다는 70 중반의 노인들도 모른다고 한다. 필자 견해로 왕은 칭기즈칸이며, 왕자동은 왕메에 상주하던 칸이 보낸 총관부가 살던 곳으로 보인다. 이곳은 제주 전역에 퍼진 말들의 고향이다.

오름 앞에는 메밀꽃 향기가 온 들에 가득하다. 몽골이 "제주 사람들에게 먹고 죽으라"고 주었다는데 어찌 알았을까? '메밀의 독성을 무로 잡는다는 걸…' 어머님 생전에 메밀가루로 만들어 주시던 국시 생각에 가슴이 울컥한다. 보릿고개를 지나는 화사한 봄, 메밀밭 한쪽에 보랏빛 작은 꿀풀처럼 왕메는 이 봄도 외롭고 슬프다.

족은왕메

동녘 은빛 바다와 황혼이 고운 오름

일주동로에서 시흥리 상동 마을길을 따라 100m쯤에서 우회전하면 수산마을로 가는 표지판이 보인다. 시흥리 상동 마을 끝에 이르면 족은왕메가 보인다. 오름 번지수는 시흥리 2160번지이나 성산읍 시흥리 끝자락에 있으며 시흥리 마을 공동묘지로 쓰인다. 족은왕메는 해발 103m, 비고 28m이니 작은 동산에 지나지 않는다. 족은왕메 동쪽 끝 도로변에는 줄지어 심긴 소나무들이 잘 가꾸어졌으나 오름에는 제주산 상록수가 대부분이니 다행한 일이다.

족은왕메는 필자가 탐방 다니는 길목이다. 만발한 유채꽃이 질 무렵이면 찔레꽃이 발을 멈추게 한다. 어느 가을날 해질녘에 오름을 올랐더니 한라산 너머로 기우는 황혼빛이 너무 고왔다. 그보다 더 붉은 단풍은 잊을 수 없다. 밝은 날 작정하고 다시 보니 단풍 들던 그 나무들은 제주 옻낭이다. 옻나무·가죽나무·붉나무 정도는 구별하나 참옻·개옻·검양옻·산검양옻나무 등은 구별이 어렵다. 필자도 오름에서 옻나무 군락을 본 것은 처음이다. 2022년 복날, 산노루나 다닐 좁은 샛길도 삼켜버린 음력 7월, 시흥리 토박이 80세 부희만 삼촌과 다 자란 황새풀을 헤치며 오르니 참식나무 한 그루가 경계를 선 듯하고 더 나가니 솔박(나무바가지)을 엎어 놓은 것 같은 왕메가 보인다. 족은왕메는 서북쪽 말굽형 굼부리나 원추형 같다.

급하게 경사진 언덕을 오르니 몇 기의 묘들이 보이고 정상 바로 아래쪽 확 트인 곳에 '처사 광산 김씨' 묘가 보인다. 앞(南)으로는 한라산이 멀리

큰왕메와 인접한 족은왕메

보이고 뒤로는 오름 정상이다. 주위에는 후박나무·참식나무·사스레피·우묵사스레피·구럼비·꽝꽝나무·보리수·편백·곰솔과 노란빛 단풍 들던 천선과와 붉은빛 단풍 드는 옻나무, 청미래·찔레·사위찔방·은동·삼수세기(가시줄삼)가 엉켜졌다. 그 아래로는 키 작은 자금우들이 깔려 있다. 작은 왕메는 그야말로 야생, 그 자체다.

족은왕메는 왕메와 인접하여서 소왕메라고 불렸을 뿐 전혀 다른 오름이다. 옛날 지관地官(제주어:정시)이 왕메 줄기에 임금 왕王 자가 있어서 '대왕산'이라고 했다는데, 그 때문인지 왕의 다리 아래라도 조상을 묻어 자손의 번영을 바라는 자손들의 소망이 엿보인다. 그렇다면 지관의 눈에는 보이는 왕王 자가 우리 눈에는 보이지 않는 것일까? 아무리 둘러보아도 '왕王 자'는 보이지 않으니 허무한 이야기지만, 묘를 쓴 이들은 전설을 믿기 때문일 것이다.

700년 전 고려 김방경 장군이 이끄는 여몽연합군이 김통정 장군이 이끄는 삼별초군을 무찌른 후 제주는 70여 년간 몽골의 직할 식민지가 된다. 이때 몽골은 일본 정벌을 위해 다루치(목마총관부장)를 왕메에 주재시킨다. 몽골은 왕메(정의현 수산진)를 정점으로 제주도를 열 개 마장으로 편성하여 목축하게 된다. 또한, 왕메 인근에는 '왕자동'이 있다는 말이 있으나 동네를 다니며 왕자동을 찾아도 없었다. 이 동네에서 낳고 70 중반이 되었다는 노인들도 "그런 전설은 들은 바 없고 이 근처 어디에도 왕자동

아침 햇빛이 비치는 족은왕메 동쪽, 일출봉이 보인다

은 없다"고 하였다.

왕메에 임금 왕王 자字라는 형국이나 근거는 없어 보인다. 필자 견해로 왕이란 몽골왕(칸 Xaaн)의 의미로 보인다. 몽골은 제주를 10개 목마장으로 만들고 동·서 아막(한국의 군단위 행정구역)으로 나누고 왕메에서는 동아막을 관할하고 왕이메에서 서아막 마장을 관리한 것으로 보인다. 족은왕메는 왕메 자락에 접해서 족은왕메라 불렸다. 그러나 또 다른 이름은 '전이미'라 불렸는데 이는 동쪽 끝 몰미오롬(末尾/두산봉)의 앞쪽 끝 또는 북동의 청산오롬(日出峯) 앞(南)에 있어서 부른 것이다.

함께한 부희만 씨와 오롬을 내려온다. 그는 "족은왕메는 불과 엇그제까지만 하여도 시흥리 마을 공동묘지로 쓰이던 곳이지만 이제는 기왕에 쓴 묘들도 이장해 가야 할 것 같다"고 한다. 아침 햇살이 비친 일출봉 너머 은빛 바다가 눈부시다. 우리는 언제쯤 제주오롬에 묻혀 저 바다를 건널까? 기왕에 이 오롬에 잠든 이들을 다른 곳으로 모셔야 하겠다는 그의 말이 제주 발전에 뒤처진 제주인의 모습 같아서 서럽다.

왕이메

제주서쪽 마장의 중심, 너븐드르의 오름

몽골 이민자 조가촌趙家村이 있던 안덕면 광평리 산79번지 왕이메는 너븐드르에 있는데, 입구를 두 차례나 지나치고서 겨우 찾았다. 사유지라 탐방로를 낼 수 없는데 그나마 갈 수 있으니 다행이다. 고려가 원나라(몽골)에 침략당한 후 외세로부터 고려를 지키려던 이들이 있었다. 고려를 재건하려는 삼별초 무리는 강화도에서 제주도로 상륙하여 애월읍 고성리에 토성을 쌓는다. 그래서 애월읍 '고성리' 지명은 삼별초시대에 쌓은 항파두리성을 말한다.

고려·몽골연합군은 김방경 장군을 제주로 보내어 삼별초를 제압하고 칠십여 년간 제주에 직할 목마장을 설치하고 일본 침략에 사용할 군마와 선박 생산을 위해 성산포로 말을 들여오고, 덕천과 선흘 등지에서는 목재를 생산하였다. 이때 몽골 목마감독관 다루치(다루가치)가 주둔한 곳이 성산읍 왕메(大王山)이다. 옛 지관들은 이 산줄기에 임금 왕王 자가 있어 '대왕산'이라 했다는데, 필자는 이를 '몽골 왕의 산'이란 뜻에서 '왕메'라 하였고 '왕이메'라는 명칭도 제주 서아막의 중심으로 본다. 왕이메는 옛날 탐라국 삼신왕이 사흘 동안 기도를 드렸다고 하여 한자로는 왕림악王臨岳으로도 표기하였다(김종철 저, 『오름 나그네』)는 전설은 허황하다. 역사적으로 이 오름이 소재한 동네는 너븐드르ᄆᆞ슬(광평리)이다. 광평리는 200여 년 전 조씨趙氏들이 들어와 살므로 '조가웨'라고 한다(원나라 이민이니 6백여 년 전으로 봐야 한다). 그러나 이 동네는 4·3사건으로 소거되어 폐동되고 현재의 마을은 이천 년 이후 생겼다.

왕이메 굼부리 전경

왕이메의 봄

왕이메 인근 너븐드르는 질 좋은 목장지대다

제주도 조씨趙氏는 고려 때 원나라에서 이민 온 15개 성씨 중 하나이다. 이들은 원나라 패망 후에도 이민자로 계속 남아 있었다. 이때 명나라가 고려에 제주말 2천 필의 공납을 요구한다. 이에 몽골인(목호)들이 거부하여 제주목사 여럿을 죽이는 등 '목호의 난'의 원인이 된다. 고려는 이때 여명연합군을 이끌 대장으로 최영 장군을 보낸다. 이때 위화도에서 회군한 이성계가 한성을 장악하므로 이씨조선을 세우는 계기가 된다.

원나라 때 제주도로 이민 온 이들은 여명연합군 목호의 난 때 토벌당한 후 육지나 오키나와로 도피하였다. 너븐드르ᄆᆞ슬(광평리) 설촌 성씨들이 이민 온 조씨들이었다면 너븐드르 왕이메와 연관이 깊다. 성산읍 동아막의 왕메(대왕산)에 목마총관부가 있었다면 '삼신왕이 기도드리러 내려온 오롬'이 아니라 '왕이메'는 서아막의 중심지로 봐야 할 것이다.

너븐드르 왕이메 남쪽으로는 안덕면 굴메(군산)·대정현 안덕의 굴오롬(산방산) 이웃의 돔박이·괴수치·족은대비악이 보인다. 서쪽은 한림읍 금오롬·정물오롬·세미소·붉은오롬과 북쪽은 애월읍 폭낭오롬·북돌아진오롬, 서쪽으로는 멀리 한라산과 빈내오롬·한대오롬·돌오롬 등이 보인다. 그래서 '왕이메'는 제주 서쪽 목마장 중심인 '제이의 왕메'라고 할 만하다. 왕이메는 제주시 애월읍·한림읍, 서귀포시 대정읍·안덕면·중문면 경계선상에 있다. 그래서 제주목 열 개 소(목)장 중 제주 서부지역인 한림·한경 지역까지를 관망할 만한 곳에 있다. 이로 볼 때 왕이메는 몽골 제2(제주서부)의 목마총관부가 주재하여서 '왕이메'인 것으로 보인다.

왕이메 동·서·남쪽은 넓은 평지로 이루어져 있다. 동쪽은 나인브릿지, 서쪽은 에어리스, 엘리시안, 남쪽은 캐슬렉스 등 네 개의 골프장에 둘러싸여 있다. 너븐드르 왕이메는 네 개의 골프장 속에 파묻혀 있다. ᄆᆞ쉬(마소) 먹이던 제주의 공동목초지는 이렇게 사라지고 있다. 또한, 너븐드르는 그 후손들이 판 것인지 시유지로 팔린 것인지 모른다.

북향한 굼부리는 풀밭이나 지금은 소나무·삼나무·편백나무 등이 우거져 옛 모습을 찾을 수 없다. 그래서 굼부리 베리창을 볼 수 있는 곳도 북쪽뿐이다. 오롬 정상을 오르노라면 때죽·산딸·고로쇠·가막살나무와 그 아래는 산죽·박새·새우난도 보인다. 굼부리 둘레길은 다래와 으름 넝쿨이 꽃피어 오롬으로 치닫는 4월, 제주는 벌써 봄이 무르익었다.

새별오름

몽골 이민자의 피어린 역사의 새성新城

2002년 월드컵축구대회 시 평화로를 타면 제주에서 서귀포 법환 경기장까지 1시간 내에 도착한다. 신호등 없이 쭉 뻗은 도로를 타고 제주시를 벗어나면 오른쪽 벌판 중에 곱게 파인 굼부리가 보인다. 새별오름이다. 봉성리 산59-8번지에 소재한 오름은 해발 519.3m, 비고 119m 높이로 볼 때 새별오름은 고내봉·바리메·족은바리메·큰노꼬메·족은노꼬메·폭낭오름에 이은 7번째가 새별오름이다.

새별오름 서북쪽에서 본 한라산 아래 새별오름 능선

방애불(들불축제)로 떠오른 새별오름은 제주시내 어떤 오름보다 쉽고 빠르게 갈 수 있고, 주차장 면적으로 볼 때도 한국에서 제일 넓은 곳이 아닐까 한다. 또한 제주오름이 새롭게 평가되며 일반 관광코스에도 맛보기 코스로 추가되는 곳인데 새별오름이 스포트라이트를 받은 것은 들판에서 행해지던 방애불이 들풀축제의 영향이 크게 작용한 것이라 본다.

새별오름은 들판이 아니기에 '들불축제'가 아니다. '오름불축제'가 맞지만, 역사적으로는 '방애불축제'라 함이 옳다. 방애불은 들판이나 오름에 불을 놓아 질 좋은 새 풀을 얻고, 진드기 등의 해충을 없애고, 가시덤불 등을 태워 관리하던 제주목축의 역사를 보여준다. 이 축제는 발상과 진행상 좋은 호응을 얻어 국내외 관광객들의 호기심을 발동시켜 관광자원화에 성공하였다. 그러나 스토리텔링과 탄소배출에 문제가 남아 있다. 방애불은 만주나 몽골 땅에서는 사라졌으나 연해주에서는 지금도 행해진다. 필자는 2013년 봄, 방애불이 탄 연해주 벌판에서 엄청나게 크고 실한 고사리를 꺾었다.

새별오름은 복합 오름으로 몇 개의 말굽형 분화구가 골체(삼태기) 같은 형태를 이룬다. 오름 줄기에 파인 골은 마치 불가사리 같아서 별 모양을 이룬다. 1273년 삼별초가 제주를 장악하고 여몽연합군과 김방경 장군에게 쫓기던 김통정 장군은 자결하게 된다. 그후 백년 뒤 몽골의 쇠퇴로 고려는 명나라와 화친을 맺으며 명나라 요청으로 후금을 칠 때 쓸 군마 송출을 목호들에게 명한다. 그러나 목호들은 제주목사 여럿을 죽이는 목호의 난을 일으키게 된다.

1374년, 고려 정부는 '목호의 난' 진압을 위해 최영 장군을 여명연합군 수장으로 명월포와 함덕포로 상륙시킨다. 이때 몽골 목호들이 새성(新城) 삼은 오름이 신성新城인데, 항파두리성이 '옛성旧城'이라면 새별오름은 '새성新城'이었다. 이후 제주어로 새성新城이 조선조에 새별新星이라 혼용하였다. 몽골이 쇠약하여 사라지는 신성처럼 희미하여지는 것이 신성新星과 흡사하여 신성新星이라 했을 수도 있다. 또한, 제주목사 이원조의 『탐라지초본』에서 효성악曉星岳이라고 한 이후 새별(新星, 샛별)이니 오늘날 부르는 명칭의 근거가 되었다.

조비악은 동쪽, 서쪽 이달이-촛대오름에서는 말굽 형태, 북쪽에서는 남쪽봉을 머리로 두 날개, 두 다리로 나는 새를 닮아 조비악鳥飛岳이라 하였다. 새별오름 정상에서 남쪽을 보면 한라산 왕관릉과 폭낭오름·뒤굽은오름도 보인다. 서쪽에서는 멀리 산방산·정물오름·이달이오름·촛대오름과 바다 건너 비양도가 떠돈다. 삼태기 같은 굼부리에 국수나무·가마귀쥐똥나무·가막살나무들이 움트고 윤노리나무·상수리나무는 아직도 옷을

새별오름 정턱의 둘레길

꽃향유

억새 핀 새별오름 정상

벗었고 덤불에는 고사리도 보인다. 봄이 오는 굼부리를 내려가니 비단결인 듯 푸른 목초가 반짝이고 종달새가 머리 위에서 지저귄다. 굼부리 건너 서쪽 등성이를 타고 오른다.

새별오름의 가을은 은빛 찬란하다. 억새 물결이 황홀하게 석양에 반짝이는 모습은 천상의 물결이다. 그런 억새풀들이 불탄 자리에 산자고가 지천이고 작은 할미꽃들과 보랏빛 각시붓꽃들이 피어난다. 보랏빛 속에 하얀 줄이 완장 찬 상주처럼 눈물겹다. 몽골 후예라는 이유로 그 아비조차 가보지 못한 몽골 땅, 지는 해를 보며 조상의 땅을 향해 얼마나 울었을까! 원나라가 저물고 떠오른 명나라가 고려와 함께 몽골의 잔재를 토벌한다는 구실로 4대째 제주인으로 살아온 이들이 죽임을 당했다. 새별오름은 슬픈 역사의 현장이다. 슬피 우는 각시붓꽃처럼….

모구리오름

뱀을 닮고 뱀이나 살 곶자왈 속 오름

벚꽃 이파리가 눈꽃 되어 내리던 봄의 말미, 간혹 사스레피가 냄새를 피우기도 하던 4월 어느 날 성산읍 모구리야영장은 철쭉의 계절이다. 진 핑크, 연 핑크, 흰 줄 핑크, 각종 철쭉이 가득하다. 긴 꽃대의 노란 서양민들레가 남풍에 한들거리며 춤추는데 키 작은 보랏빛 오랑캐꽃들이 초롱초롱하다. 30여 년 전 김종철 선생은 성읍~수산 간 도로공사로 흙먼지를 날렸다는데 지금은 포장된 도로 위를 씽씽 내달린다. 오름에는 서귀포시에서 운영하는 야영장이 있다.

주차장·운동장·정자·야영터·캠프파이어장·놀이터·인라인스케이트장·취사장·식수대·화장실·집회장·관리사무소·대피소도 있다. 야영장에서 오름을 따라간다. 오래전 제주도에서 사라진 협죽도들이 로프길을 따라 오름으로 이끈다. 보도블록을 따라가면 오름 산책로가 보인다. 오른쪽 작은 다리를 지나면 오름길로 나간다. 탐방로는 허리까지 자란 로즈마리가 줄지어 있다. 손으로 쓸고 지나면 코끝까지 향기가 피어오른다. 좌로는 계절을 맞은 철쭉꽃들이 활짝 웃는다. 편백나무 숲길이 끝날 쯤, 오른쪽(남쪽)으로 고개를 돌려보자.

영주오름과 또 다른 오름들은 한라를 향하여 우측으로 파도쳐 오른다. 모구리오름은 해발 232m, 비고 82m의 낮은 오름이다. 5·16 이후 박정희 정부 때 산림녹화를 강제하며 식재한 소나무·삼나무가 온 산에 창창한 모구리오름은 남동향으로 열린 말굽형 오름이다. 북서쪽 능선을 따라 계단을 내려가면 굼부리 아래로 내려와 다시 출발점으로 돌아오게 된다.

난산리 입구서 본 모구리오름

편백나무 우거진 숲을 따라 서북쪽에 이른다. 거기서 계속 서쪽으로 나가면 목장 입구 포장길은 끝난다. 모구리오름(난산리 2960-1)은 북쪽에서 보면 동쪽이 높고 급히 기울어지나 서북은 뱀 꼬리로, 이등변 삼각형같이 길게 난산리로 뻗쳐 있다. 그러나 영주오름 쪽은 수림과 가시덤불이 엉켰다. 주위에는 바위와 돌짝들 위에 찔레·청미래 덩굴이 엉켜졌다. 야영장과는 전혀 다른 모습이다.

5·16 때 강제 조림한 것은 오름의 아름다움도, 목축도 잃어버렸다. 농업화는 곶자왈을 파헤쳐 지하 강을 마르게 하여 용천수도 말라버렸다. 벌써 바닷물을 정수해서 팔기 시작했으니 멀지 않았다. 식재했거나 나무를 베지 못한 게 원인이다. 모구리오름의 알오름을 김종철은 '개동산'이

모구리오름 등반로 입구

라 하고 강아지가 어미젖을 그리는 형체라 한다. 이것은 견강부회牽强附會적인 해석으로 그 어원은 몽골어를 한자로 음차하여 모구악母狗岳, 모골악毛骨岳이라고 썼던 것이다.

제주에 '도구리'라는 함지박도 있어서 몽골어를 찾아보니 도구리는 자동차 휠로 나와 있다. '모고리'는 몽골어로 '뱀могой: ᄆᆞ고이'였다. '뱀이 많다' 할 때는 'ᄆᆞ고태могойтой'다. 그것은 개狗가 아니고 뱀이었다. 알오롬은 새끼가 아니라 뱀의 여의주 문 것이다. 몽골어 'ᄆᆞ고이'를 '어미개母狗'로 보았기에 알오롬을 '어미젖을 찾는 강아지'로 잘 못 보았다. 하나에 두 가지 이상 한자로 쓰였다면 그것은 외국어를 음차한 것으로 보아야 한다는 필자의 원칙은 여기서도 틀리지 않았다.

'모구리'는 몽골 발음으로 'ᄆᆞ고이'로 아래아를 써야 하나 편의상 더 가까운 발음으로 '모구리'라 쓴 것 같다. 제주에서 사용하는 아래아는 몽골 발음과 유사하나 현재 제주에서도 '모구리'라 쓰기에 그냥 채용해도 좋

모구리오름 서편으로 보이는 오름 군락들

지만, 그 뜻을 밝혀야 한다. 모구리오름을 탐방하며 중얼거렸다. 오름을 오르는 솔숲, 산불초소가 있는 오름 정상, 계단을 타고 내려가는 삼나무 쉼터도 상쾌하다. 같은 날 대전서 온 김 교수님 내외를 만났다. "얼마나 더워서 땀을 흘렸다"고 한다. 모구리오름은 냉혈동물의 등을 타고 가는 길이라서 서늘했던 것인가?

그리운 날, 봄날이 간다. 눈 감으면 잠깐인데. 부친이 난산학교 교장으로 계실 때 어머님과 셋이서 유채나물 된장국, 고등어자반에 함께 밥 먹던 때가 생각난다. 부모님 가신 지도 이제 30년이다. 모구리오름에서 소 먹이던 벗들도 노인 되어 어디서 살고 있겠지? 모구린지, 도구린지 관심도 없던 산골. 윤4월, 기인 봄날이 간다. 제비꽃이 울다 지친 제주의 봄날이다.

나시래오름

몽골어 나샤이래는 이리오라의 뜻

나시리(나시래)오름은 성산읍 난산리 2683번지로 북쪽-바다 쪽으로는 유가메, 남쪽-한라산 쪽으로는 모구리오름 중간에 나시리오름은 해발 164m, 비고 29m로 세 오름은 모두 성읍~수산 간 도로변에 있다. 세 오름은 각각 300m 정도의 간격으로 어디에서도 훤히 보인다. 현재 나시리(나시래)오름은 초보자들이 말 타는 승마장으로 이용되는 사유지다. 나시리오름 북쪽 경사 시멘트길로 경계를 이룬다. 그 길 맞은편은 캠프촌이다.

나시악螺施岳의 라螺는 '소라 라'로 나선 모양의 조개·술잔·소라 껍데기로 만든 술잔, 시施는 베풀다·퍼지다·행하다·널리 전하여지다는 뜻이다. 또한, 나시리악羅時里岳, 羅時岳, 羅瑟伊岳으로도 쓰이는데 나羅는 '새그물 나로 깁다·벌다·벌리다'는 뜻이고, 시時는 '때 시·때맞추어·때를 어기지 않다' 또 시瑟는 큰 거문고 모양·엄숙하다는 뜻이며, '리는 마을리里', '이伊는 저·그·이' 등의 발어사, 어조사로 뜻은 없이 보조로 쓰이나 나시리는

나시리오름 굼부리

단지 음차일 뿐이기에 그 뜻을 몰랐던 것은 당연한 일이었다. 한글로도 '나시리, 나스리, 나ᄉᆞ리' 등도 유래가 불확실하다.

수산리에서 표선면 성읍으로 가는 우측, 벌판 중에 누운오롬이 보인다. 언뜻 보면 푸른 벌판 위에 언덕인 듯하다. 낮은 언덕을 올라보면 북동쪽으로 얕게 우묵한 굼부리를 본다. 굼부리라기보다 평평한 낮은 평지를 이루니 "저게 굼부리인가?" 의문이다. 본래는 원형 분화구이나 용암 유출 시 말굽형을 이루게 되었다.

나시리 굼부리는 용암 유출로 열렸다 하나 굼부리는 너무 낮다. 승마장으로 팔리기 전 제주 사람들이 농사를 지었던 것 같다. 굼부리 동북쪽은 우마차를 이용하고 밭을 갈며 인위적으로 열린 게 아닌가 할 만큼 등성이는 동북쪽 밭들과 같은 높이다. 5월 초, 나시리를 올라보니 푸른 벌판에는 한 뼘 안 되는 들꽃들이 초롱초롱하다. 돌양지꽃·가락지나물꽃·등심붓꽃·벼룩나물(별꽃)·클로버 등과 한 뼘쯤 되는 미나리아제비꽃 등이 지천이다. 오롬 위에는 소나무 몇 그루가 있을 뿐 훤히 트인 낮은 언덕 너머로 유가메와 모구리오롬이 잡힐 듯 가깝다.

오롬 한 바퀴를 돌아보니 북쪽 경사진 비탈에는 우묵사스레피·예덕나무·참식나무·천선과 등 식재한 삼나무들이 있고, 북동쪽은 농지로 이어진다. 동남쪽 밭담과 철망 사이에 빨갛게 익은 산딸기와 하얀 찔레꽃들이 한창이다. '나시리'란 이름은 어디서 왔을까? 몽골어를 검색해 보니 한국어도 한자도 아닌 것 같다. '라'는 '새 그물라羅, 소라라螺'를 쓰거나 '시'도 '때시時', '큰거문고시瑟'를 쓰고, '리'도 '저이伊' 또는 '마을리里'도 음차했을 뿐이다.

또한 인근 모고리와 유가메가 몽골어라면 이 역시 몽골어가 아닐까 할 때 떠오르는 몽골어가 있다. 몽골에서 '이리 오라' 할 때 '나샤이레에нааша а ийшээ'라 한다. '나샤'는 이리·이쪽으로, '이르'는 오다, '이르에르'는 오세요라는 뜻이다. 몽골 이민자들이 '이리 오세요!' 부를 때 '나샤이

나시래의 봄

레에'라고 한다. '나샤이르레-나샤이레-나시래-나시리'로 변형된 것으로 보인다. 왜 "이리 오라!" 불렀을까? 모고리는 뱀이 우글거리는 돌짝 곶자왈인데 나시리는 평평하고 흙이 기름져 소리쳤다. "나샤이래(이리 와봐!)"

제주 사람들은 이를 '나시래-나시리'로 부르는데, 몽골 이민자들은 제주를 낙토로 여기며 700년을 살아왔다. 제주인으로 살며 고국 몽골로 돌아가지 못했다. 소와 말을 전해주고 함께 밭 갈고 메밀 씨도 뿌리고 연자방아도 돌려 곡식도 빻고 말똥으로 군불도 때며 함께 살아왔다. 버릇없이 군다고 '몽근 놈', '몽근 년'이라 무시당하며 살아왔다.

필자는 중국에서 20여 년 살며 외몽골, 내몽골을 자주 오가며 보았다. 거기서 제주의 할아버지, 할머니, 어머니 아버지들을 보았다. 이민족이었으나 이 땅 제주에서 다시 몽골로 돌아가지 못하고 제주인 되어 700년, 좋건 싫건 제주인의 DNA 속에는 몽골인의 피가 흐른다. 나시리오롬을 둘러보는데 먼 데서 뻐꾸기가 울더니 바로 옆에서 화답한다.

유가메

몽골 칸이 내려준 축복의 땅

성산포 수산~난산 간 길가에 3개의 오름인 유가메(유건에), 나시리, 모구리오름이 있다. 유가메를 조금 지나서 왼쪽 비포장길로 나가면 유가메로 들어선다. 왼쪽으로는 밭담에 둘러싸인 곡식들이 자라고 오른쪽으로는 고사리가 솟아나는 꽤 넓은 들이 있다. 좌우에는 계절을 맞은 산딸기가 빨갛게 지천인데 찔레꽃이 하얗게 피어나기 시작한다.

유가메 탐방로는 큰길에서 200m쯤 들어간다. 좌로는 말목장, 우로는 코로나 사태로 판로가 막힌 무밭에 엷은 보랏빛 무꽃들이 가득하다. 입구로 들어서면 중앙에 편백나무, 좌우로는 나무계단과 야자매트가 깔려 있고 정비된 양쪽으로는 둘레길도 보인다. 유가메는 해발 190.2m, 비고 75m밖에 안 되는 낮은 오름이다. 정상으로 나가는 탐방로는 올챙이 꼬리 같은 계단을 타고 오른다. 올챙이 머리에 해당하는 원형 굼부리를 오른쪽으로 나가면 서북쪽에 산불감시초소가 있다. 굼부리는 마치 원시림 같아서 내려가기가 쉽지 않다.

굼부리에는 후박·구럼비·참식나무들이 보이고 남으로는 예덕나무가 가득하다. 굼부리 중턱부터는 식재한 편백나무·삼나무·소나무도 조금 보인다. 둘레길에는 제주에서 많지 않은 참취 몇 포기가 보인다. 큰 나무 아래는 손가락 마디만한 키 작은 자금우들이 빼곡하고 구럼비, 우묵사스레피 나무들도 보인다. 오름 등성이에는 편백나무들이 많이 조림되어 있다. 습한 둘레길에는 고비들이 꽤 보이나 고사리는 별로 보이지 않는다. 편백 조림지의 특성은 독성이 있어서 사람들에게는 좋은 피톤치드를 내

무꽃 핀 유가메(유건애)오름

뿜지만, 다른 식물들에게는 독성이 된다고 한다.

'유건이'는 '유생들이 쓰는 유건처럼 생겼다'고 하나 불분명하다. 한자로는 이기네伊其, 이기천악伊其川岳, 이근伊近이오름이라 쓰이는데 '이伊'는 '이, 저, 그(발어사, 어조사)'이고 '기其'는 ~의(관형격조사), 그(지시대명사), 그(감탄, 강세조사) 등으로 '저기'라는 말이다. 유건에(난산리 2302)는 전혀 유건의 모양이 아니다. 이 오름 하나만으로는 그 뜻을 잘 알 수 없으나 모구리오름을 엮어서 추측해 보니 유건에의 뜻이 풀린다. 유건에는 몽골어에서 왔다고 본다. 몽골어로 '유를- ерөөл'은 '축복'이란 말이다. '축복하다' 할 때는 '유르흐- ерөөх'라고 한다.

몽골은 '위대한 왕'을 '칭기즈 칸Činggis Qaγan'이라 한다. 중국어에서 칸看[kān]을 1성으로 보면, '지키다, 맡아보다, 구류하다, 돌보다, 관리하다', 칸看[kān]을 3성으로 보면, '보다, (눈으로)읽다, 무엇이라고 보다, 방문하다, 대하다'는 뜻이고, 뫼는 山을 말한다. '유가메'는 칸이 준 축복의 땅이다. 모고이(모구리)오름 주위는 뱀이나 살 만한 돌과 자갈, 가시덤불이 엉클어져 있다. 오름 아래는 꽤 깊은 비탈을 이룬다. 비가 오면 유가메쪽으로 흐른다. 모구리오름과 유가메 사이는 팔지 못한 무를 트랙터로 중

동백꽃 피는 유가메(유건애)

간중간을 갈아엎었다. 사진을 찍으러 들어가니 밖에는 먼지가 풀풀 날리는데 무밭은 질퍽거렸다.

"저게 축복의 땅이다!" 모구리오름 남쪽 언덕은 표선면과 경계를 이루는 산지이다. 농지로도 초지로도 좋은 땅이 아니다. 그러나 유가메 주위에 이르면 부드러운 평지를 이룬다. '몽골 이민들이 제주를 낙토樂土로 여기며 살았다'고 하는데 '유를칸뫼'가 바로 그런 곳이다. 유가메는 모구리오름과 달리 '축복(유를- eрөөл)'의 '뫼山'를 '칸王'이 돌보라고, 지키라고 내려준 곳이니 손 들어 "유를칸!"이라 외쳤을 것이다. 칸이 하사한 축복의 땅에 오름이 있으니 '유를칸뫼'가 되고→ 유칸메→ 유건에가 된 것으로 보인다. '모고이'와 비교할 때 상반되기에 '칸이 하사해 준 축복된 땅'이라고 했을 것이다.

'유건에'는 원래의 뜻인 '유를칸뫼→유칸뫼'를 연음화하여 '유가메'라 부르는 게 합당하다고 본다. 축복의 땅, '유가메' 일대의 아까운 작물들이 시집 못 간 비바리(아가씨)를 내다 버리는 것 같아 안타깝다. 지기 이름도 찾지 못한 채 한 모퉁이에 제쳐놓은 것 같아 눈물겹다.

괴수치오름

괴수魁殊+몽골어 치ㄷㄱ의 결합

괴수치는 안덕면 광평리 산81번지에 있는 오름으로 해발 558.1m, 비고 59m이다. 제주시에서 평화로 1135길-교차로-산록남로1115길-광평교차로로 직진하여 만불사로 좌회전하는 좁은 길이다. 만불사에서 통반이를 거쳐서 자연스럽게 가거나 초원에서 바로 갈 수도 있다. 안덕면 광평리廣坪里의 '광廣'은 '넓다·넓히다·넓어지다'는 뜻이고 '평坪'은 '평평하다·평(땅의 면적)'을 뜻하는 말이며 제주어로 너븐술드르·너븐곶드르로 술과 곶은 숲을 가리킨다.

19세기까지 이 마을 기록이 없는데 20세기(1904년) 들어서 나타난다. 대정군 중면 '너븐드르ᄆᆞ을'은 14호로 남자 50명, 여자 51명의 기록이 『삼군호구가간총책』에 최초로 등장한다. 제주산 토종나무들이 많았는데 4·3사건 때, '잃어버린 마을 조가웨'가 모두 불타고 사라졌다. 그 이웃 동광리의 '잃어버린 마을 무등이왓'도 이때 불타고 사라졌다. 이 마을들이 불탈 때 해안으로 도피한 사람들은 살았으나 목호의 난 당시도 너븐드르 숲으로 피했던 사람들은 최영 장군 휘하들에게 붙잡혀 괴수로 지목되고 이 들판에서 처참하게 죽임당했을 것이다.

당시 '조가웨' 조씨들은 700년 전 원나라(몽골)에서 이민 온 15개 성씨들 중 하나다. 필자가 조사한 15개 성씨들 중에는 조천면 교래리 돔베오름 일대의 송씨, 구좌면 한동리 둔지오름 일대의 좌씨, 애월면 수산오름 일대 진씨 등으로 목호의 난 이후 이들의 집성촌은 와해되고 말았다. 괴수치 동북쪽은 만형격인 왕2메, 서남쪽 끝에는 통반이 중간에 괴수치가

괴수치 굼부리

열 지어 있다. 혹자는 이 오름에 "고수치란 사람이 살아서 고수치라고 한다"라고 하지만 '성씨 촌'은 이해되나 한 개인이 오름 명으로 쓰인 예는 없다. 구좌읍 송당리 선죽이오름도 선죽이란 사람이 살아서 선죽이가 아니다. 필자는 그 오름 앞(先)에 대나무(竹)가 숲을 이루고 있어서 '先竹이'라고 밝힌 바 있다.

또한, 필자는 괴수치의 유래를 찾으려고 수차 방문하고 몽골어를 찾았다. 그러던 중, 괴수치란 몽골어이기보다 한자 괴수魁殊+몽골어 치~ГЧ의 혼합명사로 보았다. 괴수魁殊의 '괴魁'는 '으뜸·우두머리·수령·크다·선구先驅'의 뜻이고, 괴수魁殊의 '수殊'는 '죽일 수殊'로 '죽이다·사형에 처하다·정하다·결심하다·끊어지다·단절되다'라는 뜻이다.

몽골어 치~ГЧ는 직업·직위 등을 말한다. 간호사는 소빌락치·유모는 이스락치ΛCPΛГЧ·수반·수장·우두머리는 테르구-울렉치ТЭРГҮҮЛЭГЧ,

털거일럭치ТОЛГОЙЛОГЧ다 한국에서도 '저 ~치는 나쁜 놈이야!' 할 때나 '양아치·갓바치·뿌락치'란 말이 있다. 제주에서는 거지를 '동냥바치', 염부를 '소금바치'라 하는 것도 몽골어의 영향으로 보인다. 600년 전 목호의 난에서 고려 최영에게 희생된 사람들은 당시 제주 인구의 절반이라고 전해진다. 고려 정부는 최영에게 '목호의 난' 진압을 명한다. 이때 최영은 난을 진압하고 수괴를 처형시키므로 괴수치란 명칭이 생긴 것이다. 괴수치란 명칭은 600년 전 목호의 난 상황을 잘 말해준다.

괴수치오름 정상에서 보니 너븐드르 초원에서 보이던 오름 등성이 북쪽에는 아덴힐리조트의 빨간 지붕들이 보이고 동쪽으로는 왕2메 앞이다. 너븐드르에서 괴수치는 바로 올라보니 탐방로도 없고 빽빽한데 비탈진 능선이 미끄러워 탐방이 어려웠다. 괴수치는 좌우의 왕2메, 통반이와 식생이 비슷한데 굼부리 등성이와 그 안에는 토종 굴피나무가 가득하다.

괴수치오름의 원형 굼부리 둘레는 400여 미터, 깊이가 30여 미터다. 이런 점에서 볼 때 목호들은 너븐드르에 진을 친 여명연합군과 맞서다가 결국 최후를 맞게 된다. 정상에 서니 너븐드르 너머로 한라산 왕관릉이 보이고 서남쪽 파란 굴오름(산방산) 아래로 반짝이는 제주 바다가 슬프도록 아련하다. 오늘따라 짙은 봄철 황사로 괴수치 주변의 오름들이 아득하여서 숨겨진 역사를 감추고 쉬려는 듯하다.

돔박이오름

목호의 난, 슬픈 역사가 쌓인 돔박이TYMБAH

광평리가 소재한 대정현은 고려시대 때 서도현이 조선조 1416년에는 한라산 남쪽을 동서로 나누어 동쪽 정의현은 성산·표선·남원·서귀포 동쪽과 서쪽 대성현은 서귀포 서쪽·중문·안덕·대정이 되었다. 돔박이는 제주목 구우면(애월면)에서 남쪽 대정현 서북쪽에 경계를 이루는 안덕면에서 제일 북서쪽에 자리 잡은 너븐드르로, 광평리廣坪里 산89번지에 자리 잡고 있다.

너븐드르는 안덕면 제일 서북쪽에 자리 잡은 고산지대이다. 너븐드르 서북쪽에 세 개의 오롬이 연이어 있는데 제일 북동쪽에는 왕2메, 중간에는 괴수치, 서북쪽 끝에는 돔박이오롬이다. 다른 곳이라면 너븐드르 큰 오롬→셋오롬→족은오롬이라고 했을 법도 한데 이 세 오롬은 자락을 맞대고 있는데도 모두 다른 이름이다. 너븐드르의 큰 오롬 격인 왕2메, 셋오롬격인 괴수치, 족은오롬 격인 돔박이오롬들이 그들이다.

너븐드르廣坪里에 모두 5개의 오롬이 있는데 동남쪽으로는 이돈이오롬, 남쪽으로는 족은대비악이 있다. 그런데 큰대비악은 존재하지 않는다. 그렇다면 이는 위의 세 오롬과 대비하여 족은대비악으로 불린 것으로 보인다. '대비對比'라는 말은 몽골어로 '아딜트갈АДИЛТГАЛ'인데 그리 쓰지 않았으니 몽골어가 아닌 듯하나, 여기가 곧 '목호의 난' 중심지가 된 곳이다.

제주에서 삼별초군을 진압한 고려 원종 14년(1273), 탐라에 '다루가치 총관부達魯花赤總管府'를 누고 '탐라목미장'을 건설하고 몽골인 테우리牧子

동박이오름 탐방로 입구인 만불사

들로 말을 키우게 하였다. 그 뒤 원·명 교체기인 공민왕 19년, 1370년에 원나라와 의리를 지키려던 고려는 명나라와 국교를 수립하여 1372년에는 제주에서 산출되는 말을 명나라에 보내게 되었다.

이때 목호(말을 많이 가진 이들) 석질리·필사초고·독불화·관음보 등은 명나라로 송마送馬를 거부하고 반란을 일으켜 명나라 간선어마사(유경원)과 제주목사 이용장李用藏을 살해하게 된다. 그러자 정부는 판관 문서봉을 권지목사로 추대하고 송마를 청하나 사태는 더 악화하지 않았다. 그러나 명나라가 북원北元 정벌을 위해 제주에 말 2,000필을 요구하게 된다.

고려는 명나라가 2천 필 말을 청하나 목호들은 "원세조가 보내준 말을 적국 명나라에 보낼 수 없다"라며 거절한다. 이에 공민왕은 최영 장군을 여명연합군 대장으로 보내어 목호들의 토벌을 명한다. 그 규모는 전함 314척, 군인 25,600여 명으로 함덕포·명월포로 상륙하는데, 당시 이 난으로 제주 인구의 절반이 죽는다. 그 발발 지가 너븐드르의 왕2메-괴수치-돔박이다.

이 세 오름의 주위는 말 그대로 평평한 너븐드르 초원이다. 그중 왕2메는 제주 동쪽에 다루치가 주재한 왕1메(대왕산)와 대비하여 서쪽에 있으니 왕2메인 셈이다. 여기서 왕은 칭기즈칸을 말한다. 너븐드르 동쪽은 왕2메, 중간의 괴수치, 제일 끝이 돔박이라 했는데 문제가 있다.

『오름 나그네』에는 "주위의 묘지에 동백악冬柏岳·童洦岳·博伊岳이라고 쓰였다. 또한, 마을 사람들도 그걸 확인시켜 주었다" 한다. 그러나 필자가 항상 말하듯 여러 개의 한자로 쓰인 것은 음차音借일 가능성이 아주 크다. 몽골어 '톰반ТУМБАН'은 형용사로 '불룩한, 통통한'이란 말이다. 산록남로를 돌아 만불사에서 탐방을 시작했으나 어디에도 동백나무는 없었다. 이 오름은 박정희 군부정권이 강제 식목한 삼나무가 가득하고 편백나무와 소나무도 가끔 보인다. 푸른 나무들이 보여 혹시 동백인가 싶었는데 참식나무들었다.

정상 아래 붉은 지붕의 연립주택단지가 보이는데 동쪽으로는 괴수치·왕2메가 보인다. 가는 봄, 행여 동백꽃을 볼까, 동박새를 만날까 하여도 그건 꿈이다. 만불사의 저녁 예불 소리를 들으며 허무하게 발길을 돌린다. 비끼는 저녁 햇살에 '왕2메-괴수치-돔박이'를 감싸는 넓고 평평한 푸른 초원에 통통하고 불룩하게 솟은 세 오름을 보며 600년 전 허무하게 죽어간 몽골 이민자들의 넋인 듯 비인 하늘에 흰 구름이 떠돈다.

가란오롬

안덕에서 말을 보며 오가는 길목 오롬

감낭오롬으로 잘못 알려진 이 오롬은 대정현 안덕지경의 오롬들을 왕래하던 길목이다. 제주시에서 평화로를 따라가다 보면 서부 지역의 오롬 군락지를 만나게 된다. 애월읍을 지나서 한림읍-한경면-대정읍을 거치지 않고 바로 안덕면으로 들어선다. 새별오롬을 지나서 5분이 안 되어 도착하는 가란오롬은 안덕면 동광리 산41번지로 막자(원물)오롬과 같은 번지이다. 해발 439m이나 비고는 고작 45m이니 오롬이라 부르기 부끄러운 언덕과 같다.

고려시대, 몽골 침략 후 제주도는 열 개 소목장으로 운영된다. 제주목 관할은 1~6목장, 대정현은 7~8목장, 정의현은 9~10목장 지역이다. 이때 동쪽 중심은 성산읍 왕메이고 서쪽은 안덕면 왕2메이다. 왕메에는 몽골의 다루치(목마총관부)가 주재하고 있었는데 사실상 몽골총독부와 같았다. 제주 동북, 서북지역은 제주목사 관할이고 동남지역은 정의현 관할, 서남지역은 대정현 관할로 가란오롬은 제주 서남지역으로 해변지역은 가란오롬이며 그 위로는 여름 방목지이다.

가란오롬에 대해서 『오름 나그네』에서는 언급이 없다. 그러나 『제주의 오름 368』에서는 "예전에 이 오롬 일대에 감낭(감나무)이 자생하였기에 감낭오롬이라"고 하였으나 필자는 동의하지 않는다. 왜냐하면, 제주 어디에도 오래된 감나무가 자생하는 곳이 없다. 제주도 감낭은 폳감(팔감)이라는 아주 작은 감인데 먹자 할 것은 별로 없고 단지 옷감에 감물 들이는 염료용으로 사용되었다. 음력 6~7월이면 제주에서는 남도구리(나무함

가란(감낭)오롬은 안덕면 대정읍에 걸쳐 있다.

지박)에 덩드렁막게(맥주병 닮은 나무 방망이)로 찍어서 감물을 들인다. 필자는 어릴 적 어머니가 감물 들일 때면 쫀득한 씨를 골라 먹던 추억이 아련하다.

갈옷은 풍토적으로 습도가 높은 제주도 기후상 매우 실용적이다. 갈옷은 습도 높은 하절기에 땀으로 칙칙한 몸에 달라붙지 않아서 사락사락하다. 그리고 흙바람에도 때 타지 않고 질겨서 제주도 사람들은 일복뿐 아니라 집안에서도 평상복으로 입고, 테우리牧夫들에게도 좋은 일복이었다. 갈옷 재료인 풋감은 언제 들어왔을까? 일본 제주영사 이세끼 씨는 중국

가란(감낭)오름에서 막자오름으로 오르는 오름꾼들

윈난성에서 들어온 것이라 말하는데 필자의 견해로는 육지(혹은 경상도)에서 온 것으로 본다. 한국의 유명한 감 재배지는 경상도 청도·상주·하동 일대가 유명하다.

필자는 청도에서 4년간 살며 자주 보았다. 청도 홍반시 접목인 고염나무는 동네 중심의 정자나무였다. 그러나 제주도에는 고염나무·풋감 등의 자생지가 없다. 그런데 난데없이 '강남오롬'이라니? 제주도 어떤 곳에도 감나무 자생지가 없다. 그렇다면 '감낭'이 아니라 또 다른 말의 와전으로 보고 몽골어를 찾아보고 놀랐다. 몽골어에 '가란ГАРАН'이 있었다. 이 말이 '감낭오롬'으로 와전된 것이다.

몽골어 가란ГАРАН은 동사로 오가다·오락가락하다·왕래하다이며, 명사로는 비몽사몽·팔베개, 형용사로는 가령·남짓· ~쯤이다. 몰테우리(목자)가 몰(말)을 먹일 때는 머언 들로 갔다가 겨울에는 해변 가까운 가란·원물·당오롬까지 내려왔을 것이다. 막자(원물)오롬이 북서풍을 막아주니 월동지로 적격이다. 가란(감낭)오롬이 월동지라면 형용사적 의미로는 우리말이 어디쯤 있을까? 바라보

가란(감낭)오름에서 제주 특산종인 윤노리나무

거나. 경계를 가리키거나 짚어 보는 곳도 가란오름이었을 것이다.

가란오름 서쪽은 당오름·도너리 등이고, 북쪽으로는 돔박이·괴수치·왕2메, 남쪽으로는 바굼지·굴오름(산방산) 등이 보인다. 이처럼 가란오름은 높지 않으니 대정현감은 가란오름으로 올라오면 말먹이는 테우리들이 어디쯤에 있는지 가늠할 수 있었을 것이다. 1800년 후반 하잣성 아래 주민들이 개간을 시작하던 중 1894년(갑오개혁) 이후 국마장은 완전 폐지되었다. 그러나 가란오름 인근은 마그마와 암석들이 많아서 농지로는 합당치 않으나 겨울 방목지·월동지로 쓰기에는 그저 그만이었을 것이다. 지금도 가란오름에는 말늘이 서울을 니는 게 보인다.

물노리

제주 서쪽 끝의 해넘이 명소인 고산리 물노리

제주시 한경면 고산리 3763번지에 소재한 물노리를 차귀오름(당산봉)에서 바라보면 한경면 고산드르 끝에 자리 잡은 물노리는 해발 78m, 비고 73m로 해변 5m에서 분화한 오름이다. 물노리는 그 한쪽 자락을 바다에 담그고 있는 완전한 해변 오름으로 그 풍광이 아름답고 특히 황혼빛이 아름다운 유네스코 지질공원 오름이다. 서쪽 끝, 해안절벽은 바닷물에 깎여 해안 기슭에서 바라보면 마치 절단된 것처럼 보이는 해안단애 현상이 보인다. 이런 특이한 층리현상은 성산읍 청산오름(일출봉)·대정읍 절워리(송악산)에서 보는 해식애海蝕崖이다.

이런 점에서 볼 때, 중산간에서 분화한 기생화산들에 비하여 물올(물노리水月峰)이나 절워리(송악산)는 훨씬 더 일찍이 형성된 오름들로 일찍이 분화하였다. 필자의 견해는 물노리는 본래 만주어 '믈올'이 믈ㅇ리→물로리→물노리로 변화됐을 것으로 본다. 대정현 절ㅇ리(절워리)→송악산으로 불려진 것과 비슷한 시대 비슷한 지역인 대정현에 속한 마을들도 비슷하다. 본래 물노리(水月峰)는 1956년에 이르러 한림읍과 한경면이 분리될 때 대정읍에 속하던 고산리·용수리·용당리 세 마을과 함께 북제주군 한경면으로 편입되었다.

물노리는 조선시대 믈올(물노리)를 음차한 것이 믈은 수水로, 올은 월月로 표기되어 '수월봉水月峰'이라고 불렸다. 전설에 전하는 "1910년 오위장군을 지낸 '수월공 고지남'의 숭모비가 세워져서 그 호를 따라 수월봉이라 했다"는 말은 전혀 무관한 말이다. 수월봉이라 불린 것은 조선시대이다. 오름이 먼저 있었고 그 지역에서 출생하거나 성장한 사람들이 그 지역에 있는 오름 명칭을 따서 별호別號 삼는 게 보편적이다.

물노리가 소재한 고산리는 고려 때 자귓뱅듸·노구메라 불렸다. 『태종실록』(16년 5월)에는 차귀현, 『세종실록』(29년 6월)에는 차귓포·차귓개, 고산高山:노꾸메·당산堂山:차귀오름, 1701~1702년, 『탐라순력도』에서 나타나며 1872년, 「제주삼읍전도」나 「제주지도」에서도 고산·당산으로 나타난다. '고산'은 제주어 '높구메(노꾸메)' 음차이다.

일제강점기 1/50,000 지도에 차귀도는 와도(눈섬)·차귀도(자귀섬)·죽도(대섬)·서비여 등 네 개 섬들이 처음 표기됐다. 또한, 국가사적제 412호 '고산선사유적지'를 보면 고산은 아주 오래전 설촌 되었다. 고산2리에서 조흔문토기·적갈색경질토기 등이 발견된 것을 보면 오래전 선주민들이

물노리에서 바라 본 차귀도의 일몰

지질공원인 물노리 절벽

살아왔다. 고산리는 대정현에 속했었다. 역사적 관점에서 모슬포 절ᄋᆞᆯ이나, 믈ᄋᆞᆯ은 물가에 솟아오른 오름으로 믈(물)+ᄋᆞᆯ(오름)이 믈ᄋᆞᆯ(물ᄋᆞ리)이 되었다. 바다로 뜬 섬 같은 함덕 서모봉(서우봉)도 본래 섬+ᄋᆞᆯ=섬오롬이 서우봉이 되었다.

또한, 어떤 이는 수월이와 녹고(노꼬) 오누이가 살았는데 그 어머니가 병들어서 어머니 병을 고치려고 절벽에서 약초를 캐러 갔다가 절벽에서 약초를 캐던 수월이가 절벽에서 떨어져 죽게 되어서 그 후로 이 오름을 '노꼬믈(노꼬가 흘리는 눈물)'이라는 엉터리 전설을 만들어 내었다. 수월과 노꼬는 같은 명칭(수월=노꼬)이니 우스운 이야기다. 이 오름 기슭에는 노꼬물이란 샘이 있어 노꼬물오롬, 벼랑에서 물이 떨어져 물노리오롬, 오롬

차귀오름 전망대에서 본 수월봉

모양이 물 위에 뜬 달 같아서 물놀이오름이라고 해석했다니 우습다.

이는 '믈올'을 음차한 수월水月을 잘못 해석한 말이며, '믈올→믈ᄋ리'라는 만주어를 이해하지 못한 까닭이다. 이 말은 몽골 이민자들이 오기 전(탐라시대)부터 사용하던 북방어로 보인다. 그래서 몽골 이민자들도 이 말을 같이 사용했던 것으로 보인다. 당시 제주인들은 '높구메'라는 이름도 함께 썼던 것 같다. 그러나 여몽연합 세력이 약화되고 조선은 북방어를 배제하고 함께 쓰던 노꾸메高山라는 지명을 채용하고 지금도 쓰이는 명칭이 되었다.

잡탈(본지오름)

제주어 잡+몽골어 탈ТАЛ이 합성된 말

비탈진 남쪽 공동묘지와 북쪽 중산간동로 사이에 있는 잡탈은 번영로에서 정의현성 성읍리 서쪽으로, 성산읍 삼달리에서는 성읍 방향 동쪽으로 1136(중산간동로)번 도로를 타고 통오름-독오름을 지나 '잡탈'(본지오름 삼달리 2104-1)로 들어가게 된다. 1136번 도로에서는 작은 샛길(시멘트) 농로를 따라가면 V자로 된 잡탈 삼거리가 나온다. 크지 않은 소나무들이 꽤 보인다. 하얀 꽃이 보여서 계요등 넝쿨 꽃인가 하여 가서 보니 그것은 제주에서는 '똥낭'이라고 하는 구리장꽃이었다. 이 꽃은 멀리서 보는 것이지 가까이 가면 구린 냄새를 풍긴다.

양쪽으로 난 V자 길에서 웃(우측)쪽 길로 먼저 걷는다. 작은 트럭이나 경운기 정도가 다닐 만한 몇백 미터쯤 되는 길이다. 장마가 오락가락하는 산길이라서 처음부터 장화를 신고 걷는다. 웃자란 황새풀과 잡초들이 바짓가랑이를 적신다. 요 몇 년 사이에 장화를 신고 산을 오르기는 처음이다. 그러나 산을 오르는데 이렇게 경사가 없는 오름길도 처음인 것 같다.

잡탈로 가는 좁은 산길에 참식나무·후박나무·사스레피 등의 상록수와 천선과·예덕나무·청미래(망게)덩쿨·싸리 등이 여름 한 철 우거진 황새풀·억새풀 사이에 보인다. 가끔은 엉성하게 자란 삼나무도 보인다. 얼마쯤 걸으니 오른쪽에 산불감시초소가 보인다.

산불초소라는 게 그 오름에서 제일 높은 곳인데, 그렇다면 여기가 '잡탈(본지오름)'의 정상이란 말인가? 앞으로 더 나가 보았지만 오름으로 오

① 남쪽에서 바라본 경사진 비탈, 잡탈이라 불린 오지 오름 ② 공동묘지 아래편에서 본 잡탈(본지오름)의 산불감시초소 ③ 잡탈(본지오름) 입구에서 보이던 구리장나무의 하얀 꽃

르는 경사지는 없었다. 그런데 앞(서)쪽에서부터 자동차 소리가 들리더니 이내 좌(북)으로 사라진다. 아래쪽을 내려보니 나무들이 꽉 차서 내려다볼 수 없다. 흐린 하늘에 풍력발전기 날개만 빙빙 돌아간다.

산불감시초소 아래(남)쪽을 내려다보니 비로소 깊은 경사지가 보이고 그 경사지에는 무덤들이 꽉 들어차 있는 게 보인다. 확 트인 비탈 끝에는 아래편 산길이 보이고, 한 무리의 여자들이 서쪽을 향하여 걷는 게 보인다. 올라올 때 보았던 여자들이 올라와서는 경사지 아래로 내려간다. "어드래 감수꽈?" 물었더니 "요 아래편 묘지로 감수다"고 답한다. 그러고 보니 여자분들이 윗길과 아랫길로 나누어 온 것으로 보인다. 초소에서 아래편에 비탈을 내려다보니 "아 저렇게 비탈이 졌으니(해발 151m) 저 아래서 초소가 있는 이곳(비고 32m)이 오롬이겠구나!"

오롬문화에서 중요한 것은 명칭·어원·유래를 밝히는 것이다. 본지오롬에 대해서도 그렇다. 이 오롬의 명칭을 밝힐 만한 사실을 찾던 중에 김종철의 『오름 나그네』 책을 보니 '잡초가 많아서 〈잡탈〉이다'라는 말과 "지금은 없으나 옛날에는 약재로 쓰던 노박덩굴(본지풀)이 많았다"는 것이다. 그러나 필자는 '잡탈'이 몽골어와 제주어의 합성어임을 찾았다.

몽골어 '탈'의 발음에는 몇 가지의 뜻이 있다. 명사로는 '탈바가지=마스크азгҮй тохиол, осол аваар' 질병Өвчин의 뜻으로 СЭВ 흠·결함·흠집·손상, 감탄사로 불평이나 불만을 표현하는 의성어로 쓰이고 부사의 '탈ТАЛ'은 '대충·대강·불충분하게·기울어진'이란 뜻으로 한국어 '비탈хазгай, налуу'이란 말로 몽골에서 언덕·길 등이 수평을 이루지 못하고 기울어진 곳, 즉 경사진 비탈을 의미하는 말이었다.

'본지오롬'의 뜻은 몽골어 '탈ТАЛ'이고 이를 제주어에서는 쓸모없는 '잡종지'란 뜻으로 해석하여 제주어 잡+몽골어 탈을 합하여 '잡탈(오롬)'이라고 불렸던 것이다. '잡탈'이라고 하는 말에는 '오롬'이라고 하는 북방어인 '~알(타~알)'이 포함되어 있기에 '잡탈오롬'이라고 해서 안 되고 그냥 '잡탈'이라고 부르는 게 옳다.

다시 되돌아서 V자 갈림길로 내려와 아랫길로 가본다. 아랫길에는 초입부터 쭉쭉 좌우로 늘어선 삼나무들이 울울창창하다. 좌로는 '잡탈' 경사지이고 우측으로는 삼나무 너머로 평탄한 경작지라는 게 특이하다. 오롬이라고 보기에는 갸우뚱거려지는 오롬이다.

낭끼오름

점성이 있는 흙 나안끼НААНГИ가 어원

말이 처음 들어온 수산평야의 철부지 색시 같은 오름이 있다. 성산읍 수산리 3954번지의 낭끼오름이다. 번지가 산 번지가 아니듯이 낭끼오름은 해발 185.1m, 비고 40m밖에 안 되는 매우 낮은 언덕 같다. 낭끼오름을 탐방하는데는 정상까지 고작 10분이 안 걸린다. 낭끼오름의 둘레는 1.6km이니 작은 편이기보다 낮고 평퍼짐하다. 낭끼오름(낭곳·낭껏·남케)의 '낭'의 제주어로 나무이고 '곳'은 제주어로 숲이며, 낭궤는 제주어 '나무'의 변형이다. '끼'의 비슷한 말인 일본어의 '키き'도 나무를 뜻하는 말이다. 그렇다면 낭끼의 기는 나무를 뜻하는 말이나 긍정되지 않는다. 수산진 남쪽 들판인 뜰에 있는(있을거巨, 차지할거巨) 오름이란 뜻으로 이는 남쪽 벌판 중에 오름이란 뜻으로 클거巨 자를 써서 '남거봉南巨奉'이라고도 하였다는데 이는 '낭끼·낭게'를 한자로 음차한 것이다. 『탐라지초본』에도 남거봉이 없는 것으로 보아 낭끼오름의 존재는 미미하다.

700년 전 몽골에서 성산포로 들어온 말들이 중산간 방목지로 가기 전 수산평 일대에 방목되었다. 몽골에서도 소나 양은 가까운 곳에서 방목하나 말들은 멀리 풀어놓는 것은 제주와 같다. 700년 전, 제주도 들판은 거의 버려진 상태였다. 제주 주민들은 농사하기 좋은 중산간에 사는 예는 적었다. 이웃 왕메에 몽골인 좌형소가 목마총관부장으로 부임하며 수산평 초입의 낭끼오름은 아직까지 여러 가지로 해석되었으나 이 오름은 몽골어로 불렸을 거라는 게 아주 자연스러운 일이다.

낭끼오름의 어원은 몽골어 '나안끼НААНГИ'로 그 뜻은 '점성이 있는

낭끼오롬 정상서 본 서녘의 풍차들

흙'이란 뜻이다. 수생식물인 마름 또는, 찹쌀을 죽순 등에 싸서 찐 것을 일컫기도 한다. 지금 낭끼오롬 입구에 식수 탱크가 자리 잡은 것도 지극히 자연스러운 일이다. 예부터 이 지역은 물을 머금은 점성이 있는 흙이 있었기에 '나안끼НААНГИ'라 했던 것이다. 몽골인들은 울창한 숲으로 둘러싸인 제주를 불태워 목축을 시작할 때 다른 곳은 불에 잘 타는데 이 주변은 불에 잘 타지 않았다. 그래서 그들이 찾아보니 이 오롬 주위는 질척하게 물을 품고 있어서 그렇다는 것을 알고 '나안끼НААНГИ'라고 했을 것이다.

낭끼오롬은 도로상에는 표지판이 없어 눈으로 오롬을 보고도 지나쳐 버린다. 그래서 뒤돌아 와서 한참 동안 좁은 시멘트 길을 따라서 오롬 한 바퀴를 돌게 되었다. 걷다 보니 비포장 된 곳이 나오고 계속 걸으니 오롬 입구가 나온다. 서쪽을 보니 수송로(수산~송당) 아스팔트길 서쪽 정면에 길이 있는 것을 비로소 알았다. 수송로 서쪽 벌판은 푸른 숲이 우거졌는데, 좌측 저수탱크를 따라가면 주차장, 조금 더 가면 표지판이 보인다. 목재 계단을 따라가면 정상까지 150m로 5분 안 되어 정상에 이른다. 서쪽에

낭끼오롬 정상에서 본 동녘의 청산오롬

서는 뒤집힌 조각배같이 납작해 보이나 남쪽에서는 조금 높게 보이나 다르지 않다. 그러나 동쪽에서 북쪽으로 갈수록 피라미드 모양이다.

오롬은 동북쪽이 기울고 북쪽으로는 비탈이 깊다. 동북쪽은 침식되어 형체가 불확실하나 굼부리는 둥글고 얕은 원형이다. 서남쪽 길에 접한 벌판에는 소나무·편백·보리똥·가막살·예덕·졸참·침식·구럼비·사스레피·청미래·찔레 등이다. 골등골꽃은 지는데 이질풀꽃이 피었다. 정상에 서면 동쪽의 멀미·왕메·소섬·바오롬·청산오롬·큰머리오롬과 서쪽은 한라산과 영ᄆᆞ루·개오롬·뒤서니 뒤굽은이가 보인다. 북쪽은 수산풍차단지, 서로는 구좌읍 동거미·높은오롬·손지오롬·돌오롬·둔지·도랑쉬·용눈이, 남쪽은 모구리·나시레·유가메 등이 가까이 보인다.

낭끼오롬은 내세울 것 없어 숨어 있는 촌색시 같다. 노꼬메·도랑쉬같이 높지도 않고, 청산오롬(일출봉), 굴오롬(산방산)같이 수려하지도 않고 거슨세미나 저지오롬같이 좋은 숲도 없는 그저 수수한 촌색시이다. ᄆᆞ쉬牛馬떼나 키워내는 갑남을녀 오롬에 곤주시(작은매미)가 가을을 부른다. 가을로 가는 해 저무는 벌판에 긴 그림자를 앞세우고 귀가하는 저녁이다.

따라비

다음 오름이란 뜻의 몽골어로 따라긴Дараагын-уул

2020년 12월, 대설大雪에도 몽골어 따라긴(비)은 맑았다. 한 달 전만 해도 허리 위로 차오르던 은빛 황새풀이 물결치던 오름 자락에 황새풀을 베어 내니 마치 털 깎인 양 같다. 표선면 성읍리는 제주읍성·대정현성과 함께 제주 삼읍의 하나로 민속촌이 보존되는 곳이다. 정의읍성 관아와 초가, 돌담들이 옛 모양으로 보존되니 초가를 덮을 황새풀을 구입해서 쓴다는 것이다.

따라비 가는 길은 유채꽃·왕벚꽃이 녹산장길에 피어나는 성읍리 사거리에서 좌회전과 동시에 좌쪽에 '따라비 가는 길'이란 조그만 팻말을 보며 시멘트 농로를 따라가면 대나무·후박나무 등의 푸른 나무들과 계단 틈새의 보랏빛 제비꽃이 피어나는 따라

벌판에서 본 따라긴(따라비) 모습

비에 이른다. 골짜기에는 산벚나무·가막살·찔레꽃이 하얗게 피어나는 오솔길을 따라 걸으면 종달새가 울어서 가는 봄이 아쉽다. 따라비는 언제나 좋지만, 억새꽃 피어나는 10월이나 종달새 우는 5월이 좋다.

따라비(가시리 산63)ㄹ,ㄹ 오를 때는 남쪽 기슭을 따라가는 게 좋다. 정상 우측 끝자락에는 한겨울에도 제주 털진달래꽃을 볼 수 있다. 조붓한 오솔길 남쪽 기슭에는 겨울에도 꽃 피는데 철쭉을 닮은 듯 진달래를 닮은 듯 제주 털진달래는 구별이 어렵다. 따라비 너머 남쪽은 표선면 여믄영아리·남원읍 물영아리도 환히 보인다. 따라비는 지아비 지어미가 서로 따른다고 하여서 따라비, 땅하래비라는 말에서 따래비, 민속학자 김인호는 다라-달達이라는 고구려어 '높다'와 제주어 오롬을 뜻하는 '비'의 합성어라고도 하나, 아니다. 따라비 서쪽 녹오롬과 갑마장길로 이어지는데 갑마장은 제주 10개 소장 중 하나이며, 녹麓長(산기슭 록, 산림山林, 산감山監)이 주관하던 곳으로 헌마공신 김만일에게 맡겨졌던 곳이다.

'녹麓오롬'의 명칭은 이제껏 '사슴록鹿'자로 잘못 쓰여왔다. 그래서 '큰사스미, 작은사스미'로 잘못 불렸다. '녹麓오롬' 일대는 김만일에게

따라비 굼부리

맡겨진 녹산이 있는 길이라고 해서 녹산장길이다. 북쪽 구좌면은 1소장, 서쪽 조천면은 2소장인데, 따라긴은 제주목사 관할지역인 1소장 끝에서 첫 번째인 녹오름(큰녹-족은녹오름) 다음의 오름이란 말이다. 몽골어에서 보니 몽골어 '따라긴-오름Дараагын-уул'은 '다음의 오름'이란 뜻이다. 여기서 따라는 다음이고 긴은 ~의를 뜻하니 '따라긴'은 곧 '녹오름 다음의 오름'이란 말이다.

따라비는 복합형 굼부리로 정상에는 세 개의 원형 굼부리가 있고 바깥쪽으로는 세 개의 말굽형 굼부리로 이루어졌다. 원형 굼부리에는 억새풀·황새풀이 너울거리고 이따금 푸른 소나무·사스레피 몇 그루가 보인다. 동남쪽 말굽 굼부리에는 참나무·국수나무·망개·찔레·인동 줄기가 엉켜 있다. 동봉과 북봉 사이로는 갑마장 북쪽 길로 벌판草原길 따라 서쪽으로 계속 나가면 갑마장 서쪽 녹오름으로 나가는 길이다

따라비 남서쪽 언덕은 큰 비탈을 이루며 남쪽 입구로 나가는 곳은 굼부리 입구다. 이곳은 계단이 있는 골짜기로 따라비를 오르내리는 곳이다.

한겨울 속의 따라비

그리고 그 입구의 삼거리에는 쫄븐갑마장 남동쪽에서 녹오름으로 나가는 길이다. 이 길은 북서쪽 초원길과 달리 숲속 길을 따라 녹오름으로 나가는 길이다. 따라비는 갑마장 동쪽 끝이고 그 서쪽 끝은 녹오름이다. 따라비는 용암이 분출할 때 중앙에 3개의 원형 굼부리가 생겼고 용암이 흐르며 3개의 말굽형 굼부리를 이룬다. 따라비는 붉은 송이-쇄석물이 많은데 남쪽 입구에는 그런 화산 돌들을 세워 놓았다.

2020년 12월 7일, 대설에도 따라비 기슭에는 털진달래꽃이 피었다. 전망대에서 바라보니 푸른 무밭이며 바람 막힌 기슭에는 겨울 햇살이 따스하다. 그런데 억새풀·국수나무·찔레·인동초, 망개·가막살·참나무가 이미 잎이 지었는데 소나무·삼나무·편백나무·사스레피는 아직도 푸르다. 겨울 속 따라비에서 제주의 푸른 계절을 보며 춘국春國을 꿈꾼다. 필자의 봄은 제주의 오름들이 자기의 이름을 찾고 그 이름이 불릴 때이다.

광챙이오름

한자어 광廣과 몽골어'쳉'의 합성어

광챙이오름은 서글픈 제주 역사의 현장으로 ᄌᆞ다니오롬이라고 불렸다. 안덕면 서광리 943번지 마을 가운데 있는 오름으로 높이는 해발 246.5m, 비고 62m의 펑퍼짐한 오름이다. 이 오름 북쪽 솔(남송이)오름에서 바라볼 때 기지국 안테나가 보이는 곳이 이곳이다. 동서쪽으로는 계단을 타고 정상까지 오를 수 있으며 동쪽과 서쪽 계단 옆으로는 시멘트로 된 길이 있어서 오름 한 바퀴를 순환할 수 있는 순환로로 되어 있다.

북쪽의 솔(남송이)오름 정상에서는 광챙이오름의 꼭지만 보인다. 광챙이는 일반 지번인 것처럼 이 오름 남쪽으로는 자동차도 다닐 수 있는 '넙게오름 순환로'가 이어진다. 광챙이오름 정상에 서면 원물(막자)오름·당오롬·도너리오름, 남쪽에는 물 귀하던 제주도 동네 사람들이 먹고 마시던 식수원 '넙게 물'이 있다. 서광리가 고향인 박영식 씨와 탐방하는데 내려오던 길에서 만난 이 마을 출신 조영신 씨도 만났으니 수확이 크다. 그는 서쪽 계단 길로 내려와 위샘·아래샘을 사진 찍는데, "이 물이 아니라 우리 어머니 때 물허벅을 지고 날랐던 샘은 위에 있다"고 하여 샘의 원천을 찾게 되었다. 이 길은 어렸을 때 학교 가던 길이라고 하였다.

필자는 넙게오름 탐방에 앞서 북쪽의 남송이오름에서 넙게오름을 관찰하고 광챙이오름을 찾았다. 서광리는 광챙이오름 동서의 중산간 마을로 서광동리와 서광서리로 나뉜다. 서광리는 600여 년 전 'ᄌᆞ단이곶' 일대에 고씨·박씨·강씨들이 들어와 살며 광챙이 마을이 생겨났다고 전하여진다. ᄌᆞ다니는 19세기 중후반에 광챙이라 하였고 이후 동광챙이는 동

서광리 서쪽에서 본 오름 전경

광리가 되었다. 17세기 「탐라도」, 「증보탐라지」, 「대동여지도(1861)」에는 ᄌᆞ다니·광쳉이라고 불렸다. 이후 광쳉이는 「제주삼읍전도(1872)」·「대정군지도(1872)」·「대정군읍지(1899)」 등에 등장하다가 1905년에는 광청리와 서광청리로 나뉘고 이때, 서광리의 빛 광光 자가 넓을 광廣 자로 바뀌었고 조선조 때 광해악廣蟹岳으로 불리다 '넙게오롬'으로 불렸다.

몽골 이민자들이 들어오며 밀림의 제주는 목축을 위해 중산간 일대가 불태워졌다. 몽골어 솔СУЛ(남송이오롬)은 '묶이지 않은·잠그지 않은·풀려 있는·열려 있는'이란 뜻인데 몽골인들은 북쪽솔(남송이)부터 광쳉이까지 불태웠다. 이렇게 불태워진 곳을 '창갈라흐ЧАНГАЛАIХ'라 했었다.

광챙이 샘물

이 말(~бҮсээ)은 '허리띠를 졸라매다·엄격히 다루다·호되게~·심하게~(소리를)크게 하다.'라 할 때 쓰이는 말이다. 'ᄌᆞ다니'는 '죄다·조이다'라는 해석된 말로 쓰이다가 조선 시대에 등재할 때 넓을 광廣 자와 창갈라흐ЧАНГАЛАХ의 첫 글자 '창'을 합쳐서 '광창이'라는 말을 명사화하였는데 후에 광챙이(제주어)로 와전된 걸로 보인다.

'창갈라흐ЧАНГАЛАХ'는 몽골인들이 제주인을 대할 때 모습과 같다. 그들은 본토인인 제주인들에게 오히려 큰소리로 호되게·엄격하게·죄고·조였을 것이다. 실제로 위로는 솔(남송이)오롬부터 아래로는 해변에 접한 광챙이까지를 경계로 중산간을 불태워 초원으로 만들고 목축을 시작하였다. 제주인들은 광챙이(넙게)물 주위에 마을을 이루어 살았던 것으로 보인다. 광해악廣蟹岳이라 불린 것은 불태워진 중산간 일대의 불탄 곳과 불타지 않은 곳의 얼룩얼룩한 모습이 마치 바다게 모습처럼 보여서 조선시대 와서 넓은 초원의 얼룩얼룩한 그 모습을 마치 바닷물 속의 게(해蟹)와 같이 보여서 그렇게 불렸던 것으로 보인다.

동쪽 계단을 타고 올라오는데 계단목은 이미 썩어 내려앉고 삐죽삐죽 솟아오른 철근(쇠)들이 드러난다. 오롬 탐방로에는 상강을 맞아 엇갈린 가을의 정취를 느낀다. 제주산 상록수의 가시나무들은 아직도 청청하다. 계절이 바뀌고 눈이 내려도 푸른 잎이다. 낙엽수인 굴피나무 엽들이 바스락거린다. 천선과·예덕나무들은 아직인데…. 숲 아래는 자금우가 퍼졌다. 푸른 비단을 깔아 놓은 듯, 푸르고 부드러운 자금우의 붉은 열매가 서광리 사람들처럼 사랑스럽다.

막자오름

정상에 절구공이 같은 바위를 가진 '막자오름'

고수목마 벌판에 원院이 있어서 원물오름이라고 불리던 막자(원물)오름은 제주시에서 평화로를 따라 한림읍·한경면을 거치지 않고 곧장 가면 모슬포 바다까지 내려갈 것이나 우측 길로 나가면 안덕면 첫째 마을인 동광리다. 오른쪽으로는 안덕면 충혼묘지가 보이고 그 앞에는 작은 연못이 보인다. 원물이라는 연못가에 정자가 보인다. 데크가 연못 중간까지

- 막자오름 아래는 연못가에 정자가 보이고 뒤에는 솔박 같은 오름이 보인다.

나와 있는데 벽돌색 정자 지붕 위로 솔박같이 둥그스름한 막자(원물)오롬이 보인다.

원물오롬이 두 곳 중의 하나는 조천읍 대흘리에 있고 또 한 곳이 안덕면 동광리 산 41번지의 이곳이다. 원院이란 조선시대에 공무원이 역驛과 역 간에 운영하는 국영 여관을 말한다. 제주성~정의현 간에 것구리(원물)가 있듯이 대정현에도 제주 대정 간에 원이 있으니 원물이 되었다. 거기에 오롬이 있으니 원물오롬이라 불리며 해발 458.5m, 비고 98m로 안덕면 31개 오롬 중 열 번째 높다.

원물오롬 붉은 황토층에 눈이 내린 오후, 오롬을 오르는데 붉은 흙이 질퍽거려 미끄러웠다. 자세히 보니 흙에 물이 배어 흐른다. 김종철 기록에는 30년 전에도 흐렸다고 한다. 오롬 아래 몰쿠시(먹구슬)나무의 노란 열매나 졸참나무 도토리가 달랑거린다. 겨울 속에 푸른 인동초잎과 어우러진 작고 노란 잎이 이색적이다. 낙엽 진 산벚·산도화·담팔수·가막살나무는 잎이 지었고 사스레피·후박나무 푸른 잎과 붉은 망개 열매가 크리스마스트리를 닮았다.

조붓한 비탈길을 오르다 보면 아래편 질퍽거리는 참흙과 달리 바삭거리는데, 붉은 스코리아인 화산송이이다. 화산송이 위에 누런 잔디에 달라붙은 곳에 노란 양지꽃 하나가 겨울 속에 애처롭다. 그러나 이 오롬에도 봄볕이 들면 작은 봄꽃들이 피어날 것이다. 지난가을 보랏빛 꽃향유와 들꽃들 추억이 아련하다. 서향한 굼부리는 옹색한 작은 골을 사이에 두고 동서 편 언덕이 마주 본다. 북쪽은 두 줄기 언덕이 연해 있어 옹색하여도 말굽형 굼부리로 구분한 것 같다. 동남쪽 정상에는 산불감시초소가 보이고 동북쪽으로는 붉고 둥근 절굿공이 같은 바위들이 보인다. 정상에서 보면 원추형이요, 골짜기로 보면 말굽형인 셈이다.

동북쪽 정상에는 붉은 화산암들을 김종철은 '고고리 암'이라고 하고, 제주어로 '이삭을 닮은 바위'라고 하나 전혀 아닌 것 같아서 어원을 찾

막자오롬 정상에는 절구공이 같은 화산암이 막자를 지키고 있다.

았다. 『탐라지초본』을 쓴 제주목사였던 이원조(1841~1843)는 원물오롬을 '막자(마차악丁嵯岳 : 망치마丁, 우뚝 솟을 차嵯)'라 하였다. 이는 막자오롬의 음차 표기로 한자음과 훈을 빌려 한국어(제주어)를 기록하던 표기법이다.

민간에서는 후기에 원수오롬院水岳, 원물오롬으로 불리게 되었다. 한자어 마차(丁嵯, mie cuo) 몽골어 누투르нYтYYp, 일본어 유보乳棒 にゅうぼ: 같은 음의 '유보'는 젖꼭지이다. '막자'란 한약 재료를 빻고, 가루 내는 둥근 사기 방망이(다음 한국어사전)이다. 몽골어에서 '모나МУНА·랑토ЛАНТУУ'는 이삭을 추수하는 망치·도리깨·몽둥이라는 뜻이다.

막자(원물)오롬에서 눈 덮인 한라산이 웅장하다. 북돌아진오롬·노꼬메·바리메 등이 보이고 바로 앞에는 감낭오롬, 북서쪽 새별오롬·이달오롬,

가파도 마라도가 떠도는 남녘바다

서쪽은 당오름·도너리오름 등이 보인다. 또한, 남쪽으로는 굴오름(산방산)·절워리(송악산)와 그 너머 하늘 아래는 형제바위·가파도·마라도가 반짝이는 바다를 떠돈다. 언덕 위에는 먹구슬(고령근)에 노란 열매가 가득하고 도토는 겨울에도 달랑거린다. 다람쥐나 청설모도 없는지 땅에 가득하다.

하늬바람(북서풍)이 피해 갈 만큼 따뜻해 보여도 겨울이니 낙엽 진 산도화·쌍동·보리똥나무가 조금 보인다. 계획적으로 식재된 나무(소나무·삼나무)들이 보인다. 역사를 찾아보니 입구에 물통을 만든 후로 원물오름이라 불린 게 확실하다. 이 오름은 정상에 있는 둥근 바위들이 절굿공이 같아서 '막자오름'이라 불렸다.

방주오롬

허리띠를 말하는 몽골어 반즈БАНЗ

방주오롬은 한림읍 명월리 679번지에 있으며 표고 163.3m, 비고 8m, 둘레 363m의 미니 오롬이다. 둘레로 비교해 보면 구좌 가메오롬(619m) 한경 가메창(486m) 대정 보롬이(446m) 성산 섭지코지붉은오롬(343m) 표선 좌보미알오롬(498m) 봉개동 족은노루손이(468m) 등과 비교해 볼 수 있다. 그래서일까. 제주오롬의 선구자인 김종철은 기록이 없고, 제주도에서 1997년에 출판한 『제주의 오름』에는 자그마한 원추형 오롬으로 명월리 중동에서 고림동으로 이어지는 농로 좌측 경작지 사이에 위치해 있다. 오롬이기보다 동산과 같은 형태이다.

오롬 사면에는 서너 개의 묘지와 함께 해송·팽나무가 부분적으로 식생하고 있으며, 정상부까지 경작지가 조성되었다. 필자의 탐사는 위 기록과 큰 차이가 없어 보이나 탐사해 보니 이미 필자가 지나온 곳인데 미처 몰랐던 것이다. 다시 찾았을 때는 이미 어두워 되돌아와야 했다. 홍성준 씨와 동행한 세 번째 탐사는 눈앞이 안 보일 만큼 억수 같은 비가 쏟아져 포기하려 했으나 동행한 홍씨의 권유로 탐사를 계속하였다.

역사적으로 이 지역은 여명연합군(최영 장군)과 묵호의 난과 깊은 관련이 있다. 700년 전에 삼별초 군을 제압한 원(몽골)은 제주도를 원의 귀양지, 일본 정벌을 위한 군마와 선박 건조를 위한 병참기지로 이런 일들을 도울 원(몽골)의 관리자 파견과 이민자들을 대거 입도시킨다. 그러나 원의 쇠약, 명과의 친선으로 고려 정부는 목호(가축을 많이 가진 자)들에게 '후금을 칠 말의 공출'을 명하자, 목호들은 어명을 전하는 제주목사 여럿을 죽이

비양도 너머로 해가 지는 해질녘의 방주오름

고 항거하므로 여명연합군을 출격시킨다. 이때 목호의 난을 제압하려고 입항한 곳이 명월포구(현재 翰林港)로, 포구의 기념비에는 이렇게 기록하고 있다.

이곳은 옛 명월현 소재지로 동쪽의 김녕현과 같이 제주목 관내로서 중요한 행정, 교육, 국방의 요충지였다. 명월마을을 안고 흐르는 명월천 하구를 명월포라 하며 지금은 옹포천이라 한다. 1270년(원종 11년) 삼월 삼별초군이 이 포구로 상륙하였다. 1374년(공민왕 23년) 8월에 최영 장군이 전함 314척에 군사 25,605명을 싣고 추자도를 거쳐 명월포로 상륙, 목호를 토벌하였다.

왜 방주오름일까? 명월현 서북쪽 비양도는 큰바람을 막고, 동남쪽으로는 방주오름·갯거리오름·선소오름이 둘러쳐 있다. 방주오름은 이전에 반지오름·방제오름·방저악防猪岳이라 불렸다. 방죽이란 말도 아닌 것 같았다. 이 오름 서북쪽 아래는 진주 강씨 '고구려 병마도원수 강이식 장군'의 중시조 강계석의 묘비와 그 후손들의 가족묘지에도 방주오름이라 쓰여 있으나 필자의 원칙에 한 오름이 두 가지 이상의 명칭이 있다면 그것

방주오름 서남쪽에서 본 모습

은 무조건 외국어의 음차로 본다. 즉 방주오름은 고려 시대 불리던 명칭이 조선시대 후에 변형된 것으로 보인다.

방주오름의 원어는 몽골어 반즈БАНЗ로 '혁대·판자·널빤지'라는 말이다. 방주오름은 앞서 말한 오름들이 널판자를 두른 것 같다는 말인데 이는 성널오름城板岳·따라비 앞의 반널오름의 뜻보다 '허리띠' 같은데 버클이 비양도라면 앞 바다는 에메랄드 '반지'와 같아서 이 오름을 방지(반지)라고 불렸을 것이다. 비양도 오름을 '가재(가제)오름'이라고 하였는데 가제라는 말의 벌트БООЛТ는 '붕대·끈·싸개'라는 말이고 보면 왜 비양도오름을 가제오름이라고 했을까 하는 수수께끼도 풀린다. 그러나 지금은 지리-지질학적으로 방주오름은 그 기능을 완전히 잃었다.

귀갓길에도 억수같이 비가 내린다. 폭염으로 타들어 가는 제주 땅을 적시는 고마운 비다. 풀리지 않는 수수께끼가 풀려서 내 마음도 시원하다. 한경면을 지나서 평화대로를 달린다. 방주오름의 명칭·보존·용도도 평화대로가 열리듯 쭉 뚫리기를 바라는 마음이다.

우보오름

세 개 봉우리 중에 머리와 두 어깨가 대칭

우보오름은 해발 301.4m, 비고 96m로 색달동 912-1번지에 있다. 마을에서 우보오름을 보면 세 개의 봉우리가 보인다. 그러나 북서쪽은 봉우리를 의식하지 못할 만큼 밋밋하다. 말굽형 굼부리를 가진 세 개 봉우리 최고점은 중앙이고 'ㄷ자'처럼 구부러진 말굽형 굼부리의 양쪽(南北) 끝 봉우리를 합치면 세 개 봉우리다. 필자는 북서쪽 승마체험장에서 오름을 바라보니 '북고남저北高南底형'이다. 목초를 베고 난 누런 오름의 절반은 대머리인데 반하여 남쪽은 상록의 푸른 숲이 보인다.

색달리는 베릿내 하류 유물산지古代遺物出土地로 탐라 때 토기·석기류·집터·들은돌(고인돌)을 잇는 '개깍'이란 동네는 1,500년 전으로 추측하나 필자는 그보다 더 오래전으로 본다. 서쪽으로 조금 더 가면 색달천 동남쪽 천제연 상류인 베릿내ᄆᆞ슬이다. 목초 베인 오름의 북서쪽으로 오르니 평평하다. 북쪽으로는 녹하지·거린사슴·한라산이 보이고 숲에 가린 포근한 언덕 서편은 굴오름(산방산)과 굴메(군산)가 보인다. 오름 언덕길 동남쪽에서 봉우리를 바라보니 ㄷ자로 생긴 굼부리 큰 보좌 같은 모습인데 서귀포 앞바다에는 떠도는 범섬이 보인다.

700년 전 몽골인들은 이 지역에서 목마장牧馬場을 운영하며 몽골어로 산달САНДАЛ이라 하였는데 이는 '의자·걸상'이라는 뜻이다. 이들이 정말 오름 모양을 잘 본 것 같다. 그래서 제주인의 말을 음차하였다고 보기 어렵다. 그 후 조선조 때 색달ᄆᆞ슬, 17세기 『신증동국여지승람』, 「탐라지도」에는 색달촌塞達村, 18세기 『제주읍지』도 색달촌으로 쓰여서 한

우보(색달)오름 남쪽은 ㄷ자형 굼부리와 멀리 범섬이 보인다

글음과 같으나 한자가 다른 것도 몽골어를 음차한 것으로 보인다. 1872년 「제주삼읍전도」, 「대정군지도」도 색달리穡達里로 표기되었다. 일제는 1/50,000 지형도에도 색달리 ᄆᆞ슬·우보악(우보름)으로 등재하였다.

색다리는 색다릿내에서 색다리(섹ᄃᆞ리)가 유래하였는데, '색'은 쇄골의 '쇄'로, 쇄골(빗장뼈)은 복장뼈(흉골)와 어깨뼈(견갑골)를 잇는 긴뼈로 팔을 몸통에 고정한다. 몸통과 어깨뼈를 연결·지지하며 어깨관절 위팔뼈(상완골)의 자유로운 활동을 돕는 지렛대 역할과 위팔뼈에 전달된 충격을 흡수한다. 우보오름을 바라보면 왜 쇄골이라 했는지 의미를 알 것 같다.

우보오름 위쪽(北東)은 녹하지오름·거린사슴오름·한라산, 아래쪽(南西)은 마을과 바다, 서쪽으로는 굴메(군산)·굴오름(산방산)을 이어주는 쇄골과 같다. 빗장뼈 끝부분과 어깨뼈 봉우리(견봉)과 만나는 부분에서 관절을 형성하며 연결되는 빗장뼈는 머리(중심) 아래 끝부분 양쪽의 둥근 어깨뼈와 만나는 부분은 납작하고 길게 S자 모양을 이룬다. 우보오름도 가운데는 높고 양쪽 어깨의 둥그런 모양은 완전히 대칭을 이루는 머리와 양쪽 어깨가 세 개의 봉우리 형태다. 쇄골은 팔을 밖으로 뻗을 때 열쇠가 돌아가듯 움직이며 앞부분에는 가슴근육 뒷부분은 등근육이 연결되듯이 대머리된 동북쪽 들판은 가슴근육 같고 서남쪽 등근육은 산림을 이룬다.

또한, 쇄골의 영어(clavicle)는 작은 열쇠(little key)를 의미하는 라틴어(clavicula)에서 유래하였다고 하듯이 우보오름의 ㄷ자 굼부리도 열쇠 모양과 닮아 보인다. 색다리(셱ᄃᆞ리)의 달(ᄃᆞ리/ᄃᆞᆯ)은 고구려어 '높다·산'이란 말이 아니라 제주어 '들판·언덕·산마루'의 뜻이다. 나주 학다리鶴橋나 예산평야의 삽다리揷橋가 들판인 것이 이를 증거해 준다.

몽골어 '우보(오보OBOO)'는 쌓인 흙무더기가 걸상처럼 보인다는 뜻이다. 낙엽이 푹푹 밟히는 숲길을 지나 내려오는데 리본을 달아주어 참나무 낙엽에 길을 찾았다. 오름꾼을 배려한 것이 고맙다. 입구에는 오래된 물통이 있고, 옛날 논밭으로 쓰였다는 곳은 밀감밭이 되었다. 노란 밀감이 겨울을 부르는 제주도 만추의 아름다운 풍경이다.

몽골어 발음의 색өнгө은 빛을 말한다. 빛을 받아 물체가 나타내고 밝고 어두움이나 빨강·노랑·파랑 등의 빛깔을 말한다. 우보오름에 올라 사방을 바라보면 한라산과 주변의 오름색깔과 들판의 색깔과 바다의 각기 다른 색깔을 보게 된다. 그래서 우보오름에서 색달리라는 이름이 유래된 것으로 보이는데, 색달은 '빛을 발하는 들판'이란 뜻이다.

정워리(바른오름)

연안 항해의 표적이 된 바른오름

정월이 가기 전에 정월오름(정워리)을 찾으려고 음력 정월 25일, 경칩을 앞둔 날 정워리를 찾았다. 정워리는 한림읍 금능리 565-22번지, 해발 106.2m, 비고 56m의 낮은 오름이다. 정워리는 본래 이름의 뜻을 찾지 못한 심정을 내뱉는 듯 찌푸렸다. 정워리는 정월正月을 말하는 게 아니다. 1997년도에 출판한 『제주의 오름』에는 "산 모양이 마치 보름달같이 생겼다고 해서 정월오름이라 한다"고 하며, 한자로는 정월악正月岳이라고 표기한다고 소개한다. 그러나 제주오름의 선구자인 김종철의 해석은 보름달을 정월이라고 한 것도 그렇거니와 보름달같이 둥근 산이란 있을 수도 없기 때문에 이를 수긍하지 않는다.

이 오름은 납작스럽게 생겨서 높은 데서 내려다본다 해도 둥근 꼴일 수는 없는 것이 등성이가 두 가닥으로 넓게 벌어져 있다. 정월오름 산자락에 정오리亭午里라는 지명도 있다. 김종철은 제주오름의 선구자요, 아버지 같은 분이다. 그러나 아직까지 그의 궁금증과 그의 의문을 풀어 줄 사람이 없었던 게 사실이다. 필자는 이러한 그의 의문과 잘못 알려진 곳, 아직 다 소개하지 못한 곳, 다 이루지 못한 점들을 완성하여 제주오름을 세계 속에 다시 세우려 한다.

몽골어로 산을 올УУЛ이라고 하는데, 보그드산은 보그드올Богд УУЛ, 알타이산은 알타이올Алтай УУЛ이라고 하며 올을 풀어 쓰면 'ᄋᆞ리'다. 정월오름의 월月은 몽골어 올УУЛ 또는 ᄋᆞ리(워리)라 불렀다. 그러므로 정워리는 맞지만 정워리오름이라 하는 말은 틀렸다. 한국어에서 아래아가 사라지며 제주오름은 제 멋대로 바뀌었는데 아래와 같다. 아리로 불리는 곳은 물영아리·여믄영아리·서영아리, 오리로 불리는 곳은 개오리·물장오리·태역장오리, 워리로 불리는 곳은 절워리(송악산)·정워리(정월오름), 올(알)이라 불리는 곳은 동알·섯알·알오름 등인데, 아래아로 표기하면 모두 올(ᄋᆞ리)이다.

정워리의 '정正'은 한국어의 '바르다, 바른쪽(右側)'에서 왔다. '바른오름'의 정正은 한자어를 음차했을 뿐이다. 옛날 연안 항해를 할 때는 섬과 산을 보며 항해하였다. 김방경 장군이 삼별초난, 최영 장군의 목호의 난을 진압하기 위해서 명월포구(현재 한림항)로 상륙할 때도 먼저는 한라산을 보고, 제주에 다다를 쯤에는 ᄇᆞ른오롬(정워리)을 보며 진입했을 것이다. 본래 제주 사람들은 'ᄇᆞ른오롬'이라 불렀을 것이다. 여몽연합군 승전 후 원나라(몽골) 귀양객과 목마 관련 파견자들과 몽골 이민자들이 입도할 때만 하여도 ᄇᆞ른오롬으로 불리다가 조선시대 때 지도에 등재하며 ᄇᆞ른(바른)을 '바를정正 자로 올(ᄋᆞ리)УУЛ을 달월月로, 오롬을 岳으로 표기'하여 정월악正月岳이라고 표기한 것이다.

오창명의 『제주도 마을 이름의 종합적 연구』에서는 거론되지 않지만 금릉리의 릉陵은 언덕릉陵으로 금은 쇠(金)를 쓰였지만 제주어로 금(금=경계선線)을 그었다는 말로 보인다. 또한, 월령리의 월月도 정워리의 월月인 오롬을 말하며 영嶺도 산봉우리 령嶺으로 바른오롬을 가르키는 것으로 보인다. 이번 탐사는 동북쪽으로 오르는데 마침 동네의 홍성준 씨를 만나 유익한 정보도 얻고, "오롬을 같이 올라보자"는 말에 그는 덤불로 나를 이끌었다. 봄에는 고사리 꺾는 길이 생긴다는데 잠든 산을 깨우듯 스틱을 찍는다. 오롬은 세 개 봉우리인데 제일 동쪽은 그 옛날 당堂이 있던 당오롬, 서쪽은 정워리, 그 안에 알오롬이 있으니 세 봉우리인 셈이다.

서쪽 정워리에는 소나무, 동쪽 봉우리(당오름)는 넝쿨과 수리대(竹) 숲이고, 굼부리에 이르니 오른쪽은 양배추가 심겼고, 서쪽으로는 공동묘지들

정워리 중간은 묘지로 쓰인다

이고, 그 중간에 산불초소가 있다. 동쪽은 농사짓기에 좋은 참흙이고 서쪽 사면은 소나무만 심긴 것은 5·16 초기인 것 같다. 덩굴에 엉클어진 막게볼레낭과 퀴카시가 보인다. 지난가을 베어둔 목초와 황새풀도 보인다. 겨울 속 정워리에 개구리를 깨우려는 듯 비가 내리는 경칩이다.

마은이궤

몽골어 마흐의 한자식 표현인 명품 숲길

마흐니ᄆᆞ루(마루)는 남원읍 수망리 산203번지에 소재한 언덕(궤ГYBЭЭ:ᄆᆞ루)이다. 해발 552m, 비고 47m로 우리가 잘 아는 물영아리 건너편(南朝路)에 있다. 김종철은 '마흐니궤(모루)'에 대하여서는 언급한 바가 없다. 그러나 김승태(2008, 『제주의 오름 368』 봉우리 1권, p.306)에 의하면 '마은이馬隱伊·馬安伊'의 마馬는 말, 은隱은 '숨기다·가리다·비밀로 하다·벗어나다·떠나다·한쪽으로 치우치다·그늘지다·희미하다'라는 뜻이며, 이伊는 '저·이·그'라고 하는 어조사이다. 김승태는 이 일대에 목마장이 있었기에 말馬과 관련지어 '말馬+은거隱居·은둔隱遁+이伊'로 보았다. 마흐니궤 일대는 고려시대 이전에도 목장지였을 것이다. 고려 시기 이후, 이곳은 제9소목장이었다. 그러나 '마+은둔(은거)+이'라는 말은 '마흐니'라는 몽골어를 조선시대에 이르러 한자로 음차한 것뿐이다.

필자가 3년 전부터 이곳을 몇 차례 탐방하였는데 이번에는 달라진 모양에 놀랐다. 지루하고 멀어서 "참 재미없다" 했는데 이번에 보니 전혀 다른 길이다. 초원의 좁은 사잇길이 공사 중인 초원에는 시커먼 흙이 드러났는데 태양광 집열판을 설치하는 중이었다. 수망리 서쪽 편으로 새 탐방로를 개설했는데 숲과 골짝으로 이어지는 새 탐방로는 예전보다 더 좋다. 마흐니궤는 이곳(伊)에 말馬들을 방목하면 숨기에 좋은 은밀隱密한 마루(궤·언덕)로 이어진다. 그러나 '마흐니모루'는 몽골어이다. 조선시대 지도에 표기할 때 이 모루의 모양과 뜻을 고려한 것뿐이다.

마은이馬隱伊의 '미MA'는 양·염소 새끼가 울 때 소리(感歎詞) 같고, "자!

마흐니궤 정상 벤치에서 잠깐 쉬어가자

여기!"라는 뜻과 '마MAA' 역시 감탄사로 "자! 여기!"라는 뜻이나 몽골어 철자법 발음상으로는 '마한MAXAH'이라고 발음되나 우리가 듣기로는 '마흐'로 들린다. '마흐MAXAH'는 형용사로 '고기가 있는, 살로 이루어진'이라는 뜻이다. 마흐니모루의 뜻과는 차이가 있어 보인다. 제주에서 '마흐니'는 '마흐니궤' 또는 '마흐니ᄆᆞ루'라 불렸다. 몽골어 '궤ГҮВЭЭ(дaвaa)'라는 말은 '언덕·고개·(산)마루'이다. 그러므로 마흐니궤는 마흐니마루(제주어 ᄆᆞ루)와 같은 말이다. 제주오름들 중에 '궤ГҮВЭЭ'라고 불리는 곳들 중에는 '궤오름'이나 옛 한동리 지명도 같은 뜻이다.

궤ГҮВЭЭ는 고려 때 몽골인들이 제주로 온 후 쓰인 말이다. 궤는 한국어의 '언덕'으로 마루라 불렸다. 제주에서 령嶺(육지의 鳥嶺(새재)·竹嶺(대재)·大關嶺 등)이 있으나 영嶺으로 불린 곳은 한라산의 이스렁·어스렁 두 곳뿐이

소설이 지나는 때 마흐니 계곡에 제주섬단풍이 곱다.

다. 마흐니모루, 즉 마흐니궤로 용암대지를 이루는데 물장오리(오롬)에서 흘러내린 용암이 지나간 자리로 약 20m나 되는 L자형 용암굴이 특이하다. 마흐니궤는 의귀천 상류로 10m 폭에 7~8m 정도의 높이, 4m 정도의 바위굴이다. 옛날에는 겨울철 노루사냥, 땔감을 할 때 잠시 머물던 곳이다. 4·3 이전에는 마흐니궤 굼부리에서 화전도 하였으며, 그 후 1960년대 후반까지 노루사냥을 하기도 하였다. 오롬 앞쪽에 '따비튼물'이라는 식수도 있었고, '근처에는 40여 호가 되는 동네를 이루며 살았다'고 전해진다. 궤(ᄆᆞ루)동쪽에는 '새빗모르'라는 동네도 있었는데 이 근처에도 산간 동네들이 꽤 있었던 것으로 보인다.

예전 마흐니ᄆᆞ루는 초원길·숲길·언덕길이 있었다. 지금은 그 초원길에 내단위 태양광 공사로 회복할 수 없지만, 그 옛날 산 너머로 물 건너로

마흐니궤 마지막 비탈에 선 나무들

골짜기 따라가던 길은 사라졌어도 다행히 새로 난 탐방로는 초원길·숲길·잣성길·계곡·숲길·산등성이 등의 다채로운 탐방로가 개설된 것은 천만다행한 일이다. 새 탐방로를 개설한 수망리 사람들의 노고에 감사드린다. 마흐니마루는 정해진 탐방로를 따라가야 한다. 필자는 겨울 소낙비가 내려서 조금 넓고 좋은 길로 귀가하려다 길을 잃어 한참 동안 산길을 헤맸다. 마흐니궤(ᄆᆞ루) 탐방로는 수월한 곳이 아니다. 익숙한 가이드나 동행자가 없으면 쉽게 갈 수 없으니 주의해야 할 곳이다.

마복이·하늬복이

복БУГ은 짐승의 바람을 막아주는 움막

마복이는 안덕면 상천리 산83번지, 하늬복이는 상천리 산89-1번지에 있다. 그러나 제주도 오름 입구를 번지로 찾아가기는 몹시 어려운 일이다. 내비게이션이 잉뚱하게 산중으로 인도하여 나중에는 후진도 못 하니 아예 오름을 번지로 찾아갈 생각일랑 하지 말아야 한다. 제주도 오름 번지는 여의도 면적만 한 곳들이니 정확한 입구를 찾을 수 없다는 것은 당연하다. 필자는 서영아리·마복이·하늬복이를 몇 번 올랐던 곳이라 어렵지 않게 찾으리라 생각했으나 쉽지 않았다. 굴다리 밑을 지나니 핀크스 골프클럽과 클럽하우스(포도호텔)가 가로막는다. 마복이-하늬복이에서 서영아리에 이를 때까지는 완만하여 평지를 걷는 것 같다.

마복이(마보기)오름은 해발 559.7m, 비고 45m. 하늬복이는 592.3m, 비고 42m, 둘레 505m이다. 예전에는 탐방객들을 만난 적이 없으나 요즘은 골프장 호텔에 머무는 사람들이 많아지며 찾는 이가 많아진 것 같다. 주로 삼나무·편백나무가 많지만, 상록수인 구럼비·참식·굴거리나무들도 꽤 보이고 예덕·가막살·윤노리나무 같은 낙엽수도 있다. 중간층에는 관목인 산상·꽤꽝(가마귀쥐똥)이 잎을 내고 풀밭에는 제비꽃·봄맞이꽃들도 드물게 보인다. 마복이의 해석은 제각각인데 『제주의 오름』에서는 '마파람을 많이 받는다고 하여 마보기'라 하며, 『오름 나그네』는 주위 묘비에서 남복악南福岳이라 하여 궁금증을 풀었다고 한다. '마는 남쪽을 가리키는 말이고, 마파람이 많이 불어오는 오름'이라고 하고, '마(남쪽)+보기, 복福을 맞이한다'는 뜻으로 해석한다.

서남쪽 바다까지 보이는 마복이

그러나 이는 원어를 접하지 못한 결과이다. 필자가 찾은 몽골어에서 '복БУГ'은 명사로 '바람에 날려 모인 티끌·검불 또는, 망아지나 새끼 양의 집(움막)을 말한다.' 마복이·하눠복이는 모두 원추형 오름(언덕)으로 새끼 말(망아지)이나 새끼 양이 서풍(하늬바람, 모슬포 쪽)과 남풍(마파람, 안덕 쪽)으로 불어오는 바람을 막아주는 오름이다. 제주에서는 남동쪽에서 부는 바람을 마파람, 서북에서 부는 바람을 하늬바람이라고 한다. 마파람은 남에서 북으로 불기에 남풍南風, 봄에 부는 바람이라서 춘풍春風이라고 한다면, 하늬바람은 가을바람이다. 마파람은 춘풍春風이라도 춥고 매섭다. 음력 이월(영등 달)은 영등할망이 수난당한 바람이다.

군산 앞바다에 있는 '고군산열도'에는 '마파지'라고 하는 지명이 있는

마복이 정상의 쉬어 가는 곳

데 이곳은 '마파람을 받는 자리'라고 해서 '마파지'라고 부른다고 한다. "마파람에 게 눈(바다 게)"이라는 말도 있는데 '음식을 어느 결에 먹었는지 모를 만큼 빨리 먹어 버리는 모양을 비유적으로 이르는 말'이다. 이처럼 마파람은 수시로 변하여 믿을 게 못 되니 빨리 움직여야 한다. 마복이·하늬복이라는 명칭은 마·하늬바람風+복БУГ으로 이는 제주어+몽골어로 합성된 말이다. 하늬복이는 하늬바람(西風)을 막아주고, 마복이는 마파람(南風)을 막아주고 어우름은 샛파람(東風)을 막아주는 고원 평지의 움막 같아서 오롬이라 덧붙이지 않으나 이 고원평지高原平地는 동서남북의 바람을 막아 주어 좋은 목장이 되었다.

고려시대 안덕면 지역은 탐라 제7소목장 지역이다. 서쪽으로는 안덕면 서광리의 남송이오롬에서 동쪽으로는 중문면 색달동(현, 서귀포시 예래동)

마복이에서 바라보는 한라산

거린오름을 거쳐 색달동 우보오름 남쪽 기슭의 제8소목장과 경계를 이룬다. 안덕면 지역의 동서광리·광평리·상천리 지경은 탐라 서부 목장 중심인 서아막에서도 가장 넓고 질 좋은 목장을 이루던 곳이다. 광평리 왕이메는 서아막 중심으로 동아막 왕메와 더불어 서탐라의 중심지이다. 하늬복이·돌오름·서영아리·마복이·어우름은 상천리에 있으니 제주 산간의 질 좋은 목장이다. 그러나 이 오름들은 4·3의 넋, 목호의 난을 보았으나 막아내지 못했으니, 제비꽃처럼 울다 지친 제주오름들이다.

권재오름

몽골어 구웨ГҮВЭЭ와 한자 재岾가 겹쳐진 이름

제주시 아라일동 350번지 권재(권제)오름은 곤제오름·건제오름이라 불린 제주대학 기숙사 앞동산이라 할 수 있다. 권재(권제)오름은 굼부리가 없는 원추형圓錐形 오름으로 납작한 일본 찻사발을 엎어 놓은 것처럼 보이는 작고 예쁜 오름이다. 그러나 오름의 이름이 많다는 것은 한국어가 아님을 말해 주는 것이다. 권제오름은 한라산과 해변의 중간지점에 있으나 해변보다 국립공원 쪽이 조금 더 가까운 중산간 지경이다. 권재(권제)오름의 높이는 해발 297.7m, 비고 28m에 지나지 않는 낮은 언덕이다. 그러나 야자매트가 깔린 오름길은 산책하기에 좋은 소공원이다.

권재(권제)오름은 겨울에나 제 모습을 볼 수 있다. 봄이 무르익는 계절에는 식목한 지 50여 년이 지난, 제주에서도 알려진 제주대학로 왕벚나무 벚꽃길이 권재(권제)오름을 꽃 속에 묻어 버린다. 또한, 여름에는 푸른 잎이 오름을 파묻어 버린다. 권제오름은 동서쪽으로 골짜기를 끼고 남쪽에서는 완만하게 언덕을 이루고 북쪽으로 낮게 누운 오름으로 골짜기를 이룬다. 이 골짜기는 금산공원으로 흐르는 금산 물이 되었고, 골짜기를 따라서 구실잣밤나무가 울창한 계곡을 이루어 그 풍류객들이 즐겨 찾던 경승지였다고 하나 지금은 기숙사가 가운데 자리 잡았으니, 지금은 구전으로도 듣기 어려운 옛 얘기다.

옛날 이곳은 양반들의 토지가 많아서 권재(권제)오름이라 했는데 권세權勢, 권, 재산財產 재 자이니 권재權財라 했을 것이나 한자가 알려지지 않고, 다만 한글만 전해진다. 그러면서도 '권재(권제)의 뜻'은 하나같이 모른다

기숙사에서 본 권재오름

고 하니 그 뜻이 궁금하였다. 필자는 오름을 몇 차례 오르내리다 스토리 쓰기를 묵혀두던 어느 날 몽골어 사전을 찾다가 깜짝 놀랐다. 이 오름은 구웨ГҮВЭЭ라는 몽골어와 한국어 재岾(땅이름 재(점)로 영嶺·고개·절·언덕·둑·야산-앞동산/뒷동산·구릉·산봉우리·연산連山 잇달아 뻗어 있는 산줄기 등)의 명사로 쓰였다.

'구웨ГҮВЭЭ'가 접미사로 쓰이면 '산의 이름·오르다·높은 곳으로 가다'의 뜻을 가진 합성어다. 포르투갈어 팡pão, 일본어 모찌もち를 빵떡·모찌떡이라 하고 메밀로 전을 부쳐 무 소를 채워 말아 먹는 빙(서귀포 지역은 전기)을 중국어에서는 전빙煎饼(jiānbǐng)이라 한다. 영어로는 팬케익pancake이다. 또한, 중국어에서 계란鷄卵은 지단jīdàn인데 한국에서는 "계란 지단 붙여라."고 한다. 몽골어 '구웨'도 한국어로는 '재'라는 말이다. '재 너머

남쪽에서 본 권재오롬

마을'이라면 '언덕 너머 있는 마을'이다. 이런 경우가 한국에는 너무 많지만 여기서는 더 이상 거론하지 않는다.

권재(권제)오롬은 제주시 아라일동에 소재한 오롬(해발 297m/비고 28m)으로 소산오롬(412.8m/48m)·삼의양오롬(574.3m/139m)이 있고, 흙붉은오롬(1,380.7m/146m)은 한라산국립공원에 속한다. 앞의 해발 높이나 뒤의 비고를 비교해 보면 제주 해안에서부터 점차 높아지는 해발과 비고에서 보듯이 오롬은 연이어 있다. 그러나 권재오롬이 너무 낮아서 그런지 위 오롬들을 전혀 전망할 수 없다.

작은 골짜기를 사이에 두고 북쪽 봉우리만이 오롬으로 등재되었다. 그러나 본래는 말굽 형태의 오롬이고 현재 기숙사가 자리 잡은 곳이 굼부리였던 것이다.

노란 털머위가 입구부터 피어나 가을이 짙은데 산수국은 이미 말랐지만, 꽃무릇 이파리는 아직 푸르다. 예덕나무·천선과·뽕나무는 노랗게 물들어 가는데 팽나무는 이미 잎이 지었다. 산벚나뭇가지에는 붉은 잎 몇 개가 애처롭게 대롱거리고 말오줌때 열매는 붉은 껍질에 까만 씨들이 영글고 있다. 그러나 꽝꽝나무·사스레피·후박나무·굴거리나무·팔손이나무는 아직 푸르고 양애끈들은 아직도 싱싱한데 푸른 곰솔들과 더불어 겨울을 맞서는 듯하다.

소산오롬

한라산신제가 드려지던 송죽 숲속의 오롬

소(산)오롬은 제주시 남쪽 한라산으로 나가는 아라동 산31번지로 제1횡단(5·16)도로 변, 제주대학에서 멀지 않은 곳에 소산오롬이 있다. 조선시대 이약동(이익종) 목사 때까지 제주도민들은 한라산에시 산신제를 지냈는데 한라산까지 제물을 지고 올라가서 제사하는 것은 힘든 일이었다. 그래서 이익종 목사는 소(산)오롬에서 산신제를 드리게 하였으나 이는 몽골식을 철폐하려던 시도였다.

이 오롬은 해발 412.8m, 비고 48m, 둘레 659m, 면적 30,782㎡, 오롬의 둘레는 240m로 작은 오롬이다. 이 오롬에 이웃한 월평동 들레오롬과 비교해 보면 소산오롬은 작지만 봉긋한 모양이다.

산천단에는 천연기념물로 지정된 곰솔들이 여러 그루다. 계산해 보니 2025년 현재 555살이니 이 곰솔들은 아마도 한반도 모든 곰솔들의 조상으로 보인다. 산천단은 고인돌인 듯한 넓은 돌들이 놓였고 그 앞에는 굵은 왕대王竹들이 둘러 있다. 또한, 곰솔 앞(동편)에는 생달나무·참식나무 고목들도 보인다. 소산(오롬)은 한자로 쓰일 때, 세 가지로 쓰였는데. '작다·적다·짧다'라는 의미와 소산宵產의 소는 '밤·야간·작다·닮다', '어떤 일을 하는 장소, 또는 기관'을 뜻한다. 소산의 산產chǎn은 '낳다·만들어내다'라는 말로 한자를 음차한 것이다.

소(산)오롬의 소는 몽골어 'ЩАНЗ'로 보이며 이는 '속·팥소·적두함(中國語:赤豆餡·일본어:안꼬/あんこ/餡こ·餡子)'인데 팥을 삶아 으깨거나 갈아서 만든 빵·떡 따위에 속이다. 지금도 제주도에서 만드는 상애떡·오메기떡·돌

소(산)오름 제단과 곰솔

레떡이나 빙餠도 이때부터 만들어진 북방(만주)식 빵이나 떡이다. 제주도 제사상에만 올려지는 음식 중에는 육지(한반도)에 없는 보리나 밀가루로 만든 빵, 조나 메밀 등 잡곡으로 만든 떡(또는 빙)을 제상祭床에 올린다. 제주에는 잡곡도 많지만 육지라고 모두 논畓만 있는 건 아니다. 육지에서는 쌀·찹쌀로 만든 제물만 올리는데 제주도에서는 빵이나 잡곡 떡을 올리는 것은 몽골시대 '싼즈'에서 기인한 것으로 보인다.

산천단은 고려시대 제주에 이민해 온 목호들이 이곳에서 제사 지냈던 것으로 보인다. 아마도 목호들은 남짓은오름·괭이오름은 땔감 공급처로, 염통오름은 거주지로, 소오름-산천단은 제단을 삼았던 것으로 보인다. 또한, 이조시대는 효림단孝林壇이라 불렸는데 이는 유교를 통치 이념 삼은 조선이 불교-샤머니즘의 고려식 행사를 정치적으로 유교식 제사로 바

소오롬 입구 산천단에 있는 이약동 목사 기념비

끈 것이다. 동양에서는 제단祭壇을 조성할 때 흙이나 돌을 쌓아서 제사 지냈다. 중동의 아브라함·이삭·야곱 등의 족장이나 예언자 엘리야 등도 제사를 지낼 때 천연의 돌단을 쌓았던 것을 볼 수 있다. 소산은 사람이 쌓지 않아도 도독하게 높아서 몽골 이민자들에게는 천연의 제단이 되었을 것으로 보인다.

이처럼 6~7백년 전 몽골 이민자들은 종교적인 것을 소중히 여겼던 것 같다. 우리는 외형만 있고 내용이 없을 때, '속(안고=팥소) 없는 찐빵'이라 하는데 이민자들에게는 제사의식(샤머니즘)은 찐빵의 팥소처럼 그들 생활에 중심이 됐던 것으로 보인다. 이처럼 (소)산오롬은 봉긋한 모양부터 천연 제단으로 삼기에 좋았던 오롬으로 보인다. 소(산)오롬 제단 앞에는 왕대나무가 많은데 가파른 비탈길에는 삼나무들이 무성하다. 소(산)오롬 비

소(산)오롬 남쪽의 세미양오롬이 보인다

탈을 어렵게 오르니 정상길은 잠깐이고 이내 내리막인 원추형 오롬이다. 동쪽에서 서쪽으로 나가는 탐방길은 직진하는 길이 아니고 곧바로 좌로 틀어진다. 거기에는 수리대(신우대)라고 하는 조금 더 가늘고 마디가 길고 매끈한 수리대가 숲을 이룬다.

제주에서 수리대가 많은 곳은 비양도 가제오롬 정도이다. 바닷가에는 외적이 침입할 때 화살대를 만들었다. 또한 오롬에는 사냥 시 화살로 쓰였거나 (산)적꽂이로 썼을 것이다. 제사 때 쓰이는 (산)적꽂이는 보통 수리대로 만든다. 소(산)오롬 수리대도 적꽂이로 이용했을 수도 있다. 소(산)오롬은 일만 팔천 신들의 고향인 제주도 제사 장소의 예를 볼 수 있는 곳이다.

베릿내오름

몽골어 베르БАЙЦ가 어원인 천제연 오름

베릿내(베릿네)오름은 서귀포시 중문동 3712번지, 해발 101.2m, 비고 61m, 둘레 1,786m다. 이 오름 아래는 천제연 원류가 흘러내려 폭포로 떨어진다. 그리고 이곳 베릿네 계곡을 흘러 서귀포 바다로 들어가는데 올레길이 개설되며 꽤 알려졌다. 그러나 사람들이 잘 모른다. 필자 역시 천제연폭포를 여러 차례 다녔지만 베릿내오름이 있다는 것도 알지 못했었다.

천제연은 옥황상제를 모시는 칠 선녀들이 밤마다 천상에서 내려와 목욕하였다 하여 천제연이라 한다. 천제연 양안에 바위, 베리(절벽)는 울창한 난대림을 이룬다. 이곳에만 자생하는 솔잎난(천연기념물 182-7호)·담팔수 등이 자생한다. 천제연 북쪽에서 보면 이 오름은 평지 끝에 볼록한 해안 언덕 같다. 또한, 이 오름 자락의 만지세미는 옛날 주민들이 식수로 사용했다. 150여 년 전, 대정현 군수 채구석은 베릿내 물을 이용하여 5만여 평 논밭을 만들었다. 이 일로 천제연 입구에는 채구석의 공덕비가 세워졌으니 만지샘과 만지천은 그와 유관하다.

만지천滿池川을 해석해 보면, 만滿은 '가득하다·차다·넉넉하다·둥그레지다·곡식이 익다'. 지池는 '연못으로 물을 모아 둔 곳, 해자나 성곽 주위에 둘러 있는 못·물길·도랑'이라는 뜻이다. 이 한자의 명칭은 이곳의 물을 이용하여 논농사를 지으며 쓰인 것으로 보인다. 그렇다면 이곳에서 논농사를 개발한 채구석에 의해서 쓰여진 명칭일 것이다. '베릿내(베릿네)'라는 명칭을 앞서 오름 이야기를 쓴 이들은 성천봉星川峰이라고도 하였는데 이

는 전혀 잘못된 해석이다.

벨(베리)은 벼랑·절벽·낭떨어지를 뜻하는 몽골어이다. 몽몽사전蒙蒙事典에서 동의어로 소개된 '베이츠БАЙЦ도 벼랑·절벽'이란 뜻이다. 또한, 관계 부사 '할버트Холбох'라는 말은 '잇다·묶다·연결하다·결합하다'라는 뜻으로 성천봉星川峰이라는 말과 전혀 무관하다. 또한, 벼루와 같은 말로 쓰였으나 베릿내 계곡, 양안 기슭(베리)은 몽골어에서 '산기슭'인 '벨БЭЛ'

◁ 베릿내 정상에서 본 한라산

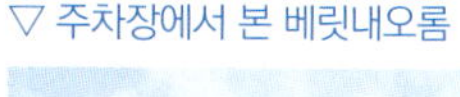

▽ 주차장에서 본 베릿내오름

을 말하며 이를 벼루라 한 것도 잘못되었다. 제주가 백여 년간 몽골 치하에 있을 때 몽골인 제주 이민의 역사는 700년 전이고 당시 제주 인구의 1/10에 달한다.

벨, '베리'는 몽골어로 '벼루'는 잘못된 말이다. 한라산 계곡을 따라 흘러 들어온 물줄기는 중문천(색달천)으로 이어진다. 한국 최고最高의 한라산 1100고지 주소가 바로 색달동이라는 것을 알아야 한다. 그래서 한라산

천제연 하류의 베릿내

에서 색달천을 흘러서 천제연폭포를 따라 떨어지는 물길이 있다. 그리고 이 물들은 베릿(골짜기)내를 따라 포구에 이르면 서귀포 남쪽 바다로 흘러든다. 즉 베릿내는 한라산과 바다를 이어주는 할버트Холбох(묶다·연결하다)이다.

베릿내오름 탐방은 올레 8코스 천제연에서 벼랑(벨БЭЛ)을 타고 오르는 동안 놀랍고 아름다운 풍광을 보게 된다. 베릿네·천지연·남녘 바다를 보며 오르는 천국의 동산 같다. 또한, 코스는 광명사·천제사 언덕으로 오르는 수월한 코스로 여기도 탐방로가 개설되어 있다. 이 오름은 동오름·샛오름·만지샘오름 세 개 봉우리가 한 태 속에 담긴 별과 같다 하여 '삼태성형'이라 하는데 이는 벨БЭЛ을 별로 보아 성천봉이라 한 것이나 별

스위스 베르네 또한 몽골어이다

과 무관하다. 또한, 스위스에도 베르내(베르네/베른) 시내가 있다.

2023년 필자는 스위스 '베르네'에서 숙박한 적이 있는데 스위스 헬베티족(스키타이족과 유관)이 거주하는 곳으로, 몽골어 '할버트Холбох(묶다·연결하다)'라는 말에서 기인한다. 이들은 게르만 민족의 대이동 때에 이곳에 정착한 것으로 보이는데, 이는 동서양 인종의 연결자라는 말이다.

300년 이후 몽골 훈족(오늘날 핀란드의 주 종족인 핀Fin족)이 아시아에서 유럽으로 쳐들어가므로 몽골족이 아시아와 유럽의 중간지대를 이어준 것이다. 스위스 헬베티족들은 몽골(훈)족들이 게르만으로 쳐들어올 때 스위스에 머물게 된 것이다. 스위스 베르네 깊은 계곡을 흐르는 베르네 강에서 젊은이들이 다이빙하며 놀던 게 지금도 눈에 선하다.

오드싱오름

버드나무 漢川이 새롭다는 뜻의 오드УД-신ШИНЭ

오드싱오름은 제주시 오등동 1554번지에 있다. 해발 206.8m, 비고 56m, 둘레 1,862m, 면적 169,387㎡로 작지 않은 편이다. '오드싱이'라는 이 이름은 이원조 목사(1841년/헌종7년~1843)의 『탐라지초본』에는 등장하지 않지만 이름의 어원을 찾아보면 고려 시기 생겨난 것으로 보인다.

몽골어 '오드УД'는 '버드나무'라는 말인데 '오드-테이흐УД-ТАЙХ'는 '신을 숭배하다'는 뜻이며 올-테이흐는 '산을 숭배하다'라는 말로서 무당들이 냇가에 버드나무를 세워 놓고 끈을 엮어 놓고 굿하는 것을 일컫는다. 또한, 싱은 몽골어 신ШИНЭ의 와전인 형용사로 '새롭다'라는 뜻이다. '새 신~жил은 싱싱한·신선한'이며 옹기오드ОННИУД는 몽골의 한 종족의 명칭이고 오그니오드ОГНИУД는 내몽골자치구의 한 종족의 명칭이다. '오드신'은 몽골에서 제주에 이민해 온 이들이 새로운 역사가 시작됨을 말한다.

몽골어의 오드-아이막Од-аймаг의 '아이막'은 고유명사로 몽골의 주州(한국의 군郡정도 크기)를 말한다. 고려시대 몽골인들이 제주로 이민 올 때 제주도는 동東·서西아이막으로 나누는데, 오드-싱УД-ШИНЭ은 두 아이막이 나뉜 곳이다. 오드싱은 옛날에는 소풍지로 많이 쓰였다는데 이 오름 동쪽은 병문천이 흐르고 서쪽

으로 한내漢川라는 큰 내(川)가 흐른다. 그래서 병문천 동쪽은 동-아이막, 병문천 서쪽은 서-아이막이 된 것이다.

한내는 제주에서 제일 큰 내였기에 클 한漢 자字를 써서 '한내漢川'라 불렀다. 또한, 한내를 거슬러 가면 유명한 방선문訪仙門이 있는데 그야말로 '신선神仙이 찾아오는 문門'이란 명칭이 붙은 곳이다. 고려조 때 이곳은 영주십경瀛洲十境 중, 세 번째인 '영구춘화'로 이름난 곳이며, 영주목瀛州牧에서도 목사牧使와 고관대작高官大爵들이 봄놀이하던 유명한 곳이다.

이처럼 병문천-한천이 흐르는 천변川邊에는 버드나무가 우거졌다. 만주어로 이 말은 부르허인데 길림성 연변자치주 주도인 연길시를 남북으로 나뉘는 강江(또는, 하河=중국어 발음 허)을 '부르허'라고 하는데 이는 '버드나무가 우거진 강변'이란 말이다. 조선족들은 여기서부터 점차 퍼져 간

오드싱에서 본 한라산

오드싱 정상으로 나가는 길

다. 필자는 흑룡강성을 찾아갔을 때 강변에서 노래하며 춤추는 노인들을 보면 눈물 흘렸었다. 그들은 "노들강변의 봄버들 휘휘 늘어진 가지에다가 무정세월 한 허리를 칭칭 동여서 메어나 볼까?…"라고 노래하였다. 노들섬은 한강의 섬으로 버드나무가 온 섬에 가득하다. 청송 주왕산의 주산지에는 물에 잠겨있는 왕버들나무를 볼 수 있다. 주산지나 부르허河나 할 것 없이 강마다 버드나무는 심지 않아도 우거지니 한천·병문천도 다를 게 없었다고 본다.

12월이 되어도 춥지 않은 어느 겨울날, 오드싱오름을 찾았다. '제주아열대연구소'에 이웃한 오드싱오름은 영도·그린빌라 등의 아파트가 들어서 있다. 오드싱은 제주도 내 신문과 방송에도 자주 등장하는 뜨거운 곳이나 사람 그림자도 보이지 않고 조용하다. 포장도로 서편 오름자락으로 올라가니 억새풀·삼수세기줄기·떨기/산딸기·가시덩굴·잡초가 어우러져 을씨년스럽다.

남쪽 돌담 가에는 삼나무가 심겼는데 참식·삐죽이 나무 한 그루와 녹나무 한 그루가 보인다. 포장된 서쪽 길로 나서니 누런 몰쿠시(먹구슬) 열매가 조랑조랑 흔들리나 오드싱오롬은 철조망에 갇혀서 말이 없다. 북쪽으로 갈수록 골짜기는 점차 심해진다 싶더니 오롬은 점차 높아지며 빡빡한 오롬 정상과 달리 아래로 갈수록 붉게 물든 마른 고사리들이 가득하다. 날씨가 좋다면 아마도 푸른 하늘 아래 한라산과 제주 서녘 바다도 볼 수 있을 것이다. 고려 시기 ᄆᆞ쉬牛馬를 먹이던 오드싱오롬은 이제 마을 가운데 자리 잡았으나 까마득하게 잊혀진 오롬이 되어 간다. 수년 내로 필자의 이 이야기도 옛 얘기가 될 것이다. 바라기는 아름다운 공원으로 새로 태어나기를 바라나 그 장래를 알 수 없으니, 필자의 마음은 괴롭고 무겁다.

절워리

송악산이라 잘못 알려진 해안절벽의 오름

아름다운 남녘 바다, 일제의 아픈 역사를 간직한 절워리는 송악산松岳山이라고 잘못 불려 왔다. 절울(절워리)은 서귀포시 대정읍 상모리 산2번지 해안 오름이다. 한국에서 송악산이라면 미수복지인 경기도 개성시 송악산을 떠 올릴 것이다. 제주도 대정읍에도 송악산이 있으나 본디는 '절울 УУЛ→ 절월→절워리'에서 나온 말이기에 송악산은 터무니없다.

송악산은 99개의 봉우리가 모여 있다 하나 개성 송악산은 모르나 제주 송악산(절워리)은 터무니없다. 또한, 송악산松岳山이란 '소나무가 많은 산'이란 뜻이나 절워리에는 특별히 소나무가 많은 것도 아니다. 어쩌면 4·3사건 때 불타서 그런지 알 수 없으나 함덕 서모름·제주시 소산오롬(산천단)·토산 톨오롬같이 소나무가 많은 것도 노송老松이 있는 것도 아니다.

절워리는 웅장하지도 높지도 않고, 99봉우리가 있는 것도 아니다. 굴오롬(산방산)이 남성적이라면 절워리는 여성적이고 아담하다. 정상에 서면 최남단 형제섬·가파도·마라도와 우뚝 솟은 절오롬(산방산)·한라산과 드넓은 태평양에 실려 온 해풍과 오롬 능선으로 이어지는 풋풋함은 보는 이로 하여금 낭만을 자아내는 제주 해안 명소 중 한 곳이다. 주봉 외로 서북쪽은 평평한 초원지대에 서너 개의 봉우리가 있다. 해발 104m, 비고 99m이니 5m 지상에 솟은 것이나 한 자락은 바다에 잠겨있는 해안절벽은 마치 성 담을 쌓은 것 같다.

송악산은 절워리(오롬)의 오기다. 제주도에서는 한라산만을 '산山'이라 하고 그 외로는 '산·메·미·봉'할 것 없이 368개 오롬 중 하나이니 '송악

파도가 만든 몽돌이 소리쳐 우는 곳

산'의 산도 틀린 말이다. 송악산의 본디 이름은 '절워리'다. '절'은 제주어 파도란 말이 아니다. 김종철은 송악산 절울이는 '바다 물결이 우레와 같이 울린다'라고 말하나 절울(절워리)는 '절벽을 쌓아 올린 것 같다'는 말이다.

절워리는 옛 문헌상 저리별이貯里別伊·저벼리貯別伊·저별악貯別岳이라 하나 대정현 사람들은 '절월→절워리'라 했다. 이것은 절워리를 한자로 음차한 것이다. 그러나 한자를 음차하더라도 본뜻을 살려 음을 채용하는 게 일반적 이치다. 저별이貯別伊의 '저貯'는 '쌓을 저' 자로 '쌓다·저축하다·갈무리해 두다·우두커니 서 있다'는 뜻이다. '별別'은 '나눌 별' 자로 이는 '나누다·헤어지다·갈라짐'이라는 부사로 '아무래도 ~뾰족한 수가 없다'는 뜻이다.

'절워리'는 '파도가 소리쳐 운다'는 뜻이 아니라, 절벽이 울타리 쳐 있다는 뜻이다. 오름이 바다에서 솟아 땅과 경계를 이루며 서 있다. 돌들이

바다 가운데 길게 누운 것 같은 절워리

세월이 층층벽을 쌓은 것 같은 절워리 절벽

층층이(성벽처럼) 쌓여 있다'는 뜻이다. 조선시대 사람들의 '절워리'라는 말의 한자 표기를 유추해 볼 수 있다. 700년 전 몽골인들이 이민 온 후 몽골인들은 절워리라는 북방어를 사용하였다. 여기서 절은 절벽 절이고 올은 북방어로서 워리라고 발음하게 되었다. 그러나 그 반대로 몽골인들이 제주어를 몽골어로 음차했을 수도 있다.

몽골식으로 절올(워리)의 '올→ᄋᆞ리'라는 북방어(만주어-몽골)를 아래아가 사라지며 소리 나는 대로 표기하여 앞에 오는 글자와 덧붙여 '알·아리·우리·오리'로 잘못 표기된 것이다. 반대로 절워리의 절은 제주어인데, 이를 한자로 음차했을 수도 있다.

물영아리·여문영아리·서영아리 등의 '아리', 물장오리·태역장오리·개오리 등의 '오리', 동알·섯알 등의 '알'이 그렇다. 제주오롬을 '오름'이라 표기하는 것은 잘못이다. 한글 문법상 아래아가 앞에 올 때는 'ㅏ'로, 뒤

서남쪽으로 열린 절워리의 또 하나 굼부리

에 올 때는 ‘ㅡ’로 표기되어 ‘오름’이 맞다고 하나 아니다. ‘오롬’의 본래 표기는 ᄋᆞᆯ에서 왔고 이를 제주 명사형으로 말할 때 받침을 붙여 강하게 ‘ᄋᆞ롬’이라 쓰였다. 이미 6~7백년 전 몽골 이민 전(고·양·부)부터 쓰여왔을 것이다. 또한, 한국어 ‘오르다’의 명사형 ‘오름’은 헷갈리며 ‘오롬’은 인터넷·카톡 등에서 글자가 깨어져 버리고, 발음이 비슷하고 ‘오르다’의 명사형과 구별하여 훈민정음 회복 시까지는 ‘오롬’이라 쓰는 것임을 확인한다.

절워리는 해안절벽의 특이한 구조로 성산-멀미오롬·우도-쇠머리오롬·안덕-바굼지 등과 닮았다. 이곳들은 바다에서 1차 분출하며 겹겹이 날개처럼 주름진 화산석이 지층을 이루고 다시 2차적으로 분화한 오롬들로 이런 경우에도 ‘복합오롬’이라고 분류한다.

섯알오름

일제 아픔과 4·3 눈물의 다크투어 현장

4·3사건 전 예비 검속으로 죽임 당하여 파묻힌 자리

섯알은 일제 말 태평양전쟁을 앞두고 비행장·격납고·반공포 시설과 진지를 구축하던 곳이다. 일제는 땅을 빼앗고 징집하여 노동 착취를 하였다. 백조일손 유족회 양신하 씨는 일부는 돈이나 쌀로 보상했다고 증언하나 그 돈이나 쌀도 한국에서 공출 받은 것이기에 일제는 그 값을 치르지 않고 무상으로 빼앗은 것이다. 또한, 4·3 발발 직전에는 '사전검속'으

로 붙잡아 무참히 죽임 당한 눈물의 현장이다. 일제가 연합군에게 패하여 무조건 항복하므로 해방을 맞았으나 잠시, 4·3은 더 큰 비극을 안겨주었고, 그 다크-투어리즘의 현장이 섯알이다.

섯알은 대정현성 서쪽 알뜨르(들판=坪地)에서 강제 점유하여 착취당한 곳으로 만석 곡식을 거두던 큰 땅이다. 일제는 기름진 땅을 강제 점유하여 태평양전쟁 기지로 삼는다. 그런데, 지금도 한국 국방부가 돌려주지 않고 있다. 2021년 3월, 유채꽃과 콜라비 이삭들도 노란 꽃을 피웠다. 섯알 동북은 굴오름(산방산)과 바굼지오름(단산)이 또렷하다. 그러나 한라는 옅은 구름에 싸여 희미하다.

알뜨르에 들어서면 2017년 최평곤 작가가 설치한 높이 9m의 대나무로 엮어 만든 '파랑새' 구조물이 있었다. 그는 아픔과 눈물의 땅에 평화를 기원하는 작품을 세웠다. 파랑새 작품은 비바람에 구멍구멍 숭숭 뚫린 제주인의 아픔과 눈물을 흘려 보내는 모습이다. 그러나 2025년에 방문했을 때는 철거되어 볼 수 없었다. 주위를 살피면 그 옛날 일제가 제주도민들을 동원하여 만든 알뜨르비행장의 격납고들이 보인다. 사방을 빙 둘러선 격납고의 수가 수십 개이다.

"어머니 그 어려운 시절을 어떻게 사셨나요?"

"살당보민 살아진다. 애 타민 물질도 허멍.(살다보면 살아진다. 애가 타면 해녀질도 하면서.)"

4·3사건 학살터는 도내 곳곳에 있다. 아마 이 오름도 숲이나 곶자왈에 파묻혀 있었다면 몰랐을 것이다. 그러나 알뜨르 너른 평야에는 나무 한 그루도 없으니 이 오름은 쉽게 눈에 뜨였다. 섯알(오름)에서 학살·매몰된 사람들의 제단에 바쳐진 술잔과 검정 고무신들이 눈물겹다. 그 뒤로는 병풍 비석에 희생자들의 이름이 쓰였다.

섯알은 만주어 올(ᄋᆞ리)로 산을 의미하는 제주어 변형 음이다. 섯알은 대정현 소재로 북-서-남쪽은 알뜨르 평야이고 서쪽 끝자락은 형제해안

로와 마주하여 절워리(松岳山)와 접하고 있다. 섯알 목재 도보길을 벗어나면 절워리와 전혀 달리 소나무들이 없고 제주산 나무들뿐이다. 구럼비·산뽕·예덕나무·천선과·볼래나무(막게볼래)·가시나무딸기·산딸기·등이 대부분인데 굴피나무도 몇 그루 보인다. 그러나 소나무는 불과 몇 그루에 지나지 않는다.

섯알의 목재 도보길을 벗어나 남서쪽으로 바라보니 비단결 같은 보리가 춤추는 고개를 넘는다. 남녘으로는 형제바위·편편한 가파도·군함 같은 마라도가 푸른 바다 너머로 보인다. 거친 바람에도 꼼짝하지 않는 초록색 짧은 마늘밭, 그 너머 한라산은 베일에 감싸인 채 말이 없다. 북동쪽에는 굴오롬(산방산)과 바굼지오롬(단산)이 보인다.

섯알은 한라의 품에 안겨 남녘 바다를 바라보며 꿈꾸는 듯하다. 해방이 되었어도 알뜨르를 찾지 못하고 있다. 그래서 오롬은 오늘도 하늬바람 코지(곶)에 바람 맞으며 소리쳐 운다. 절워리와 섯알 일대는 일제의 아픔과 4·3의 눈물을 간직한 다크-투어리즘의 현장이다. 그리고 오늘도 살아있는 제주인의 역사가 되어 찾는 이에게 소리쳐 울어도 그 뜻을 모른다.

동알오롬

동알의 알은 몽골어 산을 가리키는 ᄋᆞᆯуул이다

4·3을 앞둔 날, 제주의 아픔을 모르는 절워리(송악산) 주차장에는 상춘객들의 버스와 승용차들이 붐볐다. 파아란 하늘, 푸른 바다, 노란 유채꽃바람 속에 벚나무 꽃잎들이 날리는 봄날이다. 봄 바닷길을 따라 동알오롬으로 향한다. 황새풀은 지난가을 모습으로 무릎 위로 치덕치덕 길을 막는데 솔가지 가시덤불을 헤치며 동알(오롬)을 오른다.

동알(오롬)은 서귀포시 대정읍 상모리 152번지, 해발 45m, 비고 30m, 둘레 1,283m인데 비교하여 섯알은 서귀포시 대정읍 상모리 1618번지, 해발 40.7m, 비고 30m, 둘레 704m로 두 오롬은 알뜨르를 사이에 두고 동서 양쪽에 자리 잡았다.

섯알은 일제 말 태평양전쟁 시 비행장·격납고·반공포 설치 등 최후의 진지를 구축하던 곳이다. 알뜨르 서쪽의 섯알은 알뜨르를 품고 일제의 전쟁 시설들과 4·3사건 예비검속에 죽임당하여 매장당한 것을 추모하는 시설 등이 들어섰다. 다크투어리즘Dark-Tourism으로 인해서 추모 시설과 넓은 주차장 시설 등이 잘 설비되어 있는 섯알과 달리 동알은 산발한 야생녀처럼 이름 없는 곳이다.

섯알에서는 만뱅듸와 굴오롬(산방산)·바금쥐·절워리(송악산)가 가로막혀 바다도 보이지 않는다. 동알은 절워리(송악산) 주차장에서 전체를 볼 수 있다. 정상의 소나무·비탈에는 황새풀과 잡초들이 무성하다. 탐방로도 없는 남쪽에서 솔가지·가시덤불을 헤치고 오른다. 중턱에는 제주 양씨의 묘들이고, 서쪽 자락에서는 알뜨르도 보인다.

절워리 주차장 앞에서 본 동알오롬 남쪽편

제주 서부의 고산뜰(한경)·알뜨르(대정)·너븐드르(안덕)·만뱅디(한림)는 보기 힘든 넓은 뜰이다. 알뜨르 동쪽의 동알은 솔숲에 파묻혀 푸른빛이나 서쪽 끝은 누런 잔디에 파묻힌 동알이다. 동알·섯알의 '알'은 북방(만주어·몽골어)에서 ᄋᆞᆯ УУЛ로 산山을 일컫는다. 제주어에서 '알오롬'은 잘못된 말이다. 왜냐하면, 마치 역전앞, 빵떡, '계란 지단 부쳐라'라는 말과 같다. 역전驛前이 '역 앞'이고, 포르투갈 빵이나 한국 떡이 같은 의미이듯이 계란鷄卵의 중국어 발음이 곧 '지단'이다. 필자는 이런 현상을 '언어의 사대주의적 현상'이라고 말한 바 있다.

ᄋᆞᆯ(ᄋᆞ리)는 몽골어·제주어에서는 하나다. 그러나 훈민정음이 만민정음이 되는 길을 버리고 한글로 바뀌며 아래아도 사라져 버렸다. 그래서 'ᄋᆞᆯ-ᄋᆞ리'도 '아리·우리 오리·워리' 등으로 달리 불리나 하나다. ᄋᆞᆯ-ᄋᆞ리

동알 서쪽에서 본 섯알자락

는 바다를 '바당' 아버지를 '아방'이라 받침을 붙여 말하는 것과 같다.

예를 들어 'ᄋᆞ리(영아리·개오리)·ᄂᆞ리(큰노리·노리생이)'라 부르는 것이 지금껏 불려 온 말이다. 또한, '오름'을 제주어에 붙이는 것은 아주 잘못된 말이다. 왜냐하면 '오름'은 한국어 '오르다'의 명사형이다. 그러므로 '오롬'은 산을 말하는 북방어 올에서 왔기에 대체할 수 없으며, 올이 알이 된 것은 한글에서 아래아를 없애 버린 결과이다.

동알·섯알은 대정현에서 동쪽 편이다. 동알·섯알은 알뜨르에서 동·서쪽이다. 절워리松岳山는 섯알에서 남서쪽이고, 멀리 북동쪽으로는 바굼지오롬, 동쪽으로는 굴오롬(산방산)과 한라산, 남쪽으로는 절워리松岳山·형제섬·가파도가 보이고 남동쪽으로는 화순항이 보인다.

따뜻한 봄 날씨에 북적이는 상춘객들은 동알처럼 쌓인 제주인 애가哀歌를 어찌 알 것인가? 절워리처럼 편안히 누웠다고 생각하나 제주는 결코 잠들 수 없는 아픔의 땅이다.

제주오롬 이야기를 출판하게 되어 오롬을 사랑하는 모든 분들과 함께 기뻐합니다. 제주오롬은 제주인들과 몽골 이민자들의 애환이 서린 역사적인 곳입니다. 제주오롬은 재주인의 터전이자 대대로 이어질 삶의 근간입니다. 제주오롬의 전망은 제주를 제대로 경험하는 방법 중 하나입니다. 문희주 교수님의 기록은 제주어와 몽골어에 대한 인문학적 관점을 통해 밝혀나가며 제주오롬의 가치를 높여줍니다.

– (사)제주오롬문화 이사장 오영희

제주에 고향을 두고 타향살이를 하는 사람은 누구나 뛰놀던 동내 오롬을 그리워한다. 오롬은 곧 탐라의 어머니이기에 제주인은 누구나 오롬에서 태어나서 오롬과 동행하여 살다가 오롬에 묻힌다. 문 교수님이 보내주시는 오롬 이야기를 늘상 보고 있다. 지난번 고향에 갔을 때는 함께 오롬을 찾고 오롬에 대한 이야기를 나누었다. 문 교수님의 오롬 이야기는 제주의 지리를 넘어 종교와 역사, 문화를 새롭게 조명해 주고 있다. 드디어 그 오롬이 오랜 잠에서 깨어나 이제 우리에게 얘기하고 있다.

– 대전 연구원에서 윤영주

몇 해 전 제주지방해양청에 재직 시 문희주 교수님을 만나게 되었다. 그때도 오롬에 계신다고 하셨는데 제주를 떠나서 몇 년이 지났지만 여전히 문 교수님의 오롬 이야기를 카톡으로 접한다. 제주에는 하늘 가까운 360여 개의 오롬이라는 전망대가 있다. 그곳은 늘 하늘과 통해 있고 바람으로 이야기하고 갈대로

답을 한다. 문희주 교수님은 다시 한 번 그 오름에 새로운 생명을 불어 넣고 계시니 그저 감사할 뿐이다.

– 중부지방해양경찰청장 오상권

제주도는 세계자연유산, 세계지질공원, 생물권보전지역, 세계7대자연경관으로 선정되었다. 그 중심에 한라산과 기생화산으로 독특한 368개의 오름이 있다. 이들 오름에 대한 문희주 교수의 오름 이름의 어원과 유래, 제주도민의 삶과 연계된 민속과 신앙, 자연환경과 생태학적 가치 등 오름의 모든 것들을 총망라하여 연구한 것은 매우 뜻깊은 일이라고 생각한다. 홍준 교수가 제주관광에서 으뜸은 도랑쉬와 용눈이오름이라고 하였듯이 앞으로 이 귀한 자료들이 제주관광정책에 유용하게 활용되어 지역경제 활성화에 큰 힘이 되기를 바라는 마음이다.

– 전, 제주세관장 문세영

'오름 이야기'를 읽으면 오름의 명칭이 무엇을 의미하는지와 많은 오름의 이름이 몽골어에서 유래되었다는 사실을 알 수 있습니다. 문 교수님의 오름에 대한 풍부한 해설은 오름을 가벼운 등산코스로 여기기보다는 오름이 주는 제주도의 멋진 서사를 느끼게 해 줍니다. 문희주 교수님의 오름 이야기는 제주도의 역사와 문화를 이해하는 데 초석이 될 것으로 생각합니다.

– 건국대학교 교수 심충진

제주 오름의 아름다운 경치 뒤에 숨겨진 슬픈 역사를 다시금 깨닫게 되었습니다. 일본인으로서 진심으로 사과드리며, 역사를 직시하는 것의 중요성을 절감합니다. 오름 탐방을 통해 제주 사람들의 삶과 역사를 깊이 배우고자 합니다. 최근 제주에서는 올레길이 주목받고 있지만, 제주의 진정한 가치를 느끼기 위해서는 오름을 찾는 것이 좋다고 생각합니다.

– 제주대학교 통번역대학원 나카니시쿄코

제주 토백이 문희주 교수님을 만난 것이 기쁘고 영광입니다. 문 교수님의 오롬에 관한 이야기를 카톡으로 대하며 오롬의 유래와 특징, 몽골과의 역사를 읽으며 오롬의 매력에 빠져들었습니다. 문 교수님 댁을 다시 방문하여 조랑말도 타고 오롬도 오르며 글로 대하던 곳들을 밟아보고 싶습니다. 문 교수님이 오롬을 통하여 제주사회에 큰일을 하듯이 저도 황혼에 보람을 이루고 싶습니다.

– 태국 치앙마이에서 반평생을 보내는 한용관 신은수

몽골에서 교수로 20여 년 살다 보니 몽골인이라는 소리도 듣게 됩니다. 문희주 교수님이 매주 쓰시는 오롬 이야기를 읽으며 몽골인 입장에서는 기쁜 일이라 생각됩니다. 예를 들어 몽골어의 산은 '오올'로 표기하는데 제주도의 오롬도 몽골과 같은 언어를 쓴다는 게 신기합니다. 문 교수님이 몽골어와 문화의 유사성을 다양하게 연구하는 일은 그 가치가 매우 높다고 생각합니다. 차후에 몽골어로 번역된다면 머잖아 한몽 간에 연합을 이루는데 매우 큰 역할을 할 수 있을 것으로 믿습니다.

– 몽골 다르항 인문대학교 한국어과 교수 최상택

문희주 교수님을 만주에서 만나 20년 지기로 지낸다. 문 교수님의 폭넓은 관심과 식견에 탄복한다. 지난 몇 년 동안 오름 탐방 후 글을 보내주신다. 제주 역사, 문화, 자연과 제주어, 몽골어 어원까지 찾아내는 작업이었다. 서정범(경희대) 교수님이 10여년 연구 끝에 〈국어어원사전〉(2000)펴냈다. 그는 알타이계 언어와의 방대한 비교연구를 통해서 뿌리를 밝힌 것처럼 문 교수님의 제주오롬 탐방과 연구는 제주 역사, 문화, 자연과 제주어와 몽골어 어원까지 찾아내는 귀한 작업이다. 문 교수님의 제주오롬에 대한 이 노고는 서정범 교수님의 작업에 비교할 만한 귀한 일이다.

– (전)연변대 객원연구원 노귀남

나이 60이 넘도록 오롬을 모르고 살았다. 그러다가 대학에서 같이 근무하던 문희주 교수께서 카톡으로 보내주는 오롬 이야기를 보면서 관심을 갖게 되었다. 오롬이라는 단어조차 모르다가 '제주오롬 이야기'를 통하여 제주인들의 역사와 삶의 애환이 오름과 관련이 있다는 것을 알게 되고 제주 역사에 대해서도 많은 것을 알게 되었다. 문희주 교수께서 전에 만주 지역에서 20년을 살면서 터득한 북방 언어와 문화와도 관련된 것들과 접목하여 풀이해주며 그 경관과 설화들을 서울에 앉아서도 듣는다. 최근 3년 동안 매년 제주를 방문하였고 지금도 제주를 떠올리면 먼저 오롬들을 떠올린다. 제주를 갈 때마다, 오롬에 오를 때마다 감동이다.

– 전, 중국연변해양대학 항해과 교수 박해동

문희주 교수의 열심과 역사와 논리는 대학에 다닐 때부터 이미 알던 바이다. 이번에 펴내는 『제주오름 이야기』 속에 그러한 노력이 잘 나타나 있다. 본 저서는 만주와 몽골 문화, 역사가 제주오름과 문화에 깊이 연관돼 있음을 명쾌하게 밝혀 주고 있다. 문희주 교수의 저서가 제주를 넘어서 세계적인 인문학적 메시지로서 널리 전파되기를 기대한다.

– 중앙유럽아카데미 원장. Dr. Isaac S. Kim

제주오름은 단순한 화산지형이 아닙니다. 그것은 제주인의 삶과 역사, 그리고 문화가 켜켜이 쌓인 살아있는 유산입니다. 수많은 오름 하나하나에는 이름의 유래와 전설이 깃들어 있고, 그 속에는 제주 사람들이 써내려간 애환의 서사가 숨 쉬고 있습니다. 문희주 선생님의 '오름 이야기'는 단순한 지리서나 등산 안내서가 아닙니다. 발로 뛰며 기록한 5년의 여정 속에, 제주의 언어와 땅, 역사와 문화에 대한 깊은 애정이 고스란히 담겨 있습니다. 특히 오름 명칭에 담긴 몽골어 유래와 역사적 해석은 우리가 그동안 무심코 지나쳐온 제주의 진면목을 새롭게 보게 만듭니다. '오름 이야기'는 제주를 사랑하는 이들, 제주의 문화유산을 제대로 알고 싶은 이들, 그리고 다음 세대에게 이 소중한 자연과 역사를 어떻게 물려줄지 고민하는 모든 이들에게 귀한 길잡이가 될 것입니다. 이 책의 발간이 제주의 오름을 알고, 보호하고, 연구하는 데 의미 있는 출발점이 되기를 진심으로 바랍니다.

– 제주삼다일보 편집부장 부남철

문희주 선생의 『제주오롬 이야기』 발간을 축하합니다. 몽골어·제주어로 오롬의 어원과 식생을 소개하므로 제주오롬을 이해하는 데에 큰 도움이 될 것입니다. 또한, 옛 몽골어 영향과 제주어, 제주 역사를 유추하여 근원을 찾는 시도는 진일보한 논의의 계기가 될 것이며, 몽골, 만주 등지에서 오랫동안 교수로 생활하면서 체득한 인문학적 상상력을 더하여 오롬 마니아들에게 유익한 길잡이가 될 것입니다. 본서를 내기 위해 문 교수께서 부지런히 뛰어다니며 꾸준히 조사하고 애쓰는 모습을 옆에서 지켜보았습니다. 본서의 발간은 인고 끝에 얻은 것이기에 거듭 축하합니다.

– 콘텐츠제주 대표 박기호

저자 문희주

사단법인 제주오름문화 이사장
제주대학교 평생교육원 오름문화탐구반 교수
삼다일보 제주오름 칼럼니스트
저서 『제주문화 키워드』 『오름 부르는 소리』 등
30권을 발간

제주오름 이야기

– 북방문화 · 몽골어에 얽힌 오름들 –

1판 1쇄 펴낸 날 _ 2025년 6월 1일

지은이 _ 문희주
펴낸이 _ 김윤환
펴낸곳 _ 열린출판사
등록번호 _ 제2-1802호
등록일자 _ 1994년 8월 3일
주소 _ 경기도 시흥시 하중로 203 (3층)

* 이 책의 출판비 일부는 2025년도 제주문화예술재단의 지원을 받아 제작되었음을 밝혀둡니다.
* 저자와의 협의에 의해 인지는 생략합니다.

* 이 도서의 국립도서관 출판도서목록은 서지정보유통서비스시스템 홈페이지와 국가자료 공동목록시스템에서 이용하실 수 있습니다.

ISBN 978-89-87548-59-3 (03910)

값 25,000원